如何养育情绪稳定的孩子

王莹　周静　高倩
郭亚玲　王洪燕◎著

中国妇女出版社

图书在版编目（CIP）数据

如何养育情绪稳定的孩子 / 王莹等著. -- 北京 ：中国妇女出版社，2025. 8. -- ISBN 978-7-5127-2493-8

Ⅰ. G780

中国国家版本馆CIP数据核字第20254DT488号

策划编辑：王海峰
责任编辑：陈经慧
封面设计：末末美书
责任印制：李志国

出版发行：中国妇女出版社
地　　址：北京市东城区史家胡同甲24号　　邮政编码：100010
电　　话：（010）65133160（发行部）　　65133161（邮购）
网　　址：www.womenbooks.cn
邮　　箱：zgfncbs@womenbooks.cn
法律顾问：北京市道可特律师事务所
经　　销：各地新华书店
印　　刷：北京中科印刷有限公司

开　　本：150mm×215mm　1/16
印　　张：13.5
字　　数：160千字
版　　次：2025年8月第1版　　2025年8月第1次印刷
定　　价：49.80元

如有印装错误，请与发行部联系

如何养育情绪稳定的孩子

如何培养一个情绪稳定的孩子？这是我一直苦苦思索的问题。

我的大女儿从小就很爱哭，有时一哭就是几小时，我们全家人都非常崩溃。

我自己也经常饱受情绪之困。这不仅影响亲子、亲密关系，更让我无法完全接纳自己。

痛定思痛，我开始试图理解情绪是怎么回事，开始学习各种各样的家庭教育、心理学课程。基于我的努力，我的情绪平和了许多，女儿的情绪也稳定多了。这段经历让我深刻体会到，情绪管理可以学习，我们可以通过练习来提升情绪管理能力，从而让自己更自洽、更从容。因此，我决定从事家庭教育行业，去帮助更多的家长和孩子。

我从事家庭教育行业10多年了。这10多年里，我发现越来越多的孩子深受情绪困扰，情绪和心理问题甚至已经成为社会问题。根据《2022国民抑郁症蓝皮书》显示，在所有抑郁症患者中，18岁以下的患者占30%，而且50%的抑郁症患者为在校学生。更让人难以相信的是，青少年抑郁症患病率已达15%～20%，接近成人。这说明，抑郁症发病群体越来越呈年轻化趋势，我们必须重视孩子的心理健康。

情绪健康是心理健康的重要组成部分，它并不是要求我们控制和消灭情绪，而是要学会与情绪和平共处，有效地识别、处理和管理情绪。只有这样，我们才能成为情绪的主人，而不是被情绪所左右。

基于这样的认识，我和我的团队决定将我们所学和辅导数万家庭的经验整理成书，为广大家长提供一本实用的情绪管理指南，帮助大家养育情绪稳定、心理健康的孩子。这本书不是空洞的理论堆砌，而是我们10多年实践经验的结晶，它包含20个简单易懂、易于操作的情绪管理工具，旨在帮助家长更好地理解和应对孩子的情绪问题。

这本书可以说是一个情绪管理工具箱，如果你或孩子有情绪困扰，请打开这个“工具箱”，挑选一个你喜欢的“工具”，用起来。

这本书可以从以下几个方面帮助家长：

1. 理解情绪的产生、根源和本质。
2. 识别情绪。
3. 有效应对情绪。
4. 赢得孩子合作，体验积极情绪。
5. 培养自尊自立、情绪稳定的孩子。

亲爱的家长，希望这本书能成为你育儿路上的得力助手，让你在面对自己、孩子的情绪挑战时更加从容不迫。也希望本书能够为你的家庭带来平静和喜悦，让每个孩子都能在爱与理解中茁壮成长。

王　莹

2025 年 6 月

目录

工具 1

理解情绪脑，
掌握孩子的情绪密码

美国正面管教协会创始人、心理学家简·尼尔森博士说她最受欢迎的一句话是："我们究竟从哪里得到这样一个荒谬的观念，认定若想让孩子做得更好，就得先让他感觉更糟？"看到这句话，你是不是感觉不对劲？这也太拧巴了！但生活中这样的例子比比皆是。因此，正面管教主张，感觉好才能做得好，先连接后纠正。

为什么孩子先要感觉好才能做得好呢？感觉好到底是什么意思呢？这和大脑运作的原理有关。

作为父母，下面的场景你应该很熟悉。

场景一　儿子在商场不停哭闹，你软硬兼施，也没有让他停下来，最后只得冲他大吼："你太烦人了！别哭了！"

场景二　两岁半的哥哥抓伤了三个月大的弟弟，弟弟脸上留下了红色的伤痕。你狠狠地打了哥哥，并走出房间试图让自己冷静，可还是冷静不了，于是返回房间又打了哥哥几下。

这些都是非常可怕的育儿场景，尽管我们非常想控制自己的怒火，但有时真的控制不了！试想一下，如果有人像我们一样对着我们的孩子大吼，甚至动手打我们的孩子，我们是绝对不能容忍的！但我们允许自己做伤害孩子的事。多数家长都会尽心尽力养育自己的孩子，可上述场景还是会时不时出现。很多家长事后回想都追悔莫及，为什么就是控制不住自己呢？

相关研究表明，这和我们的大脑结构及运作方式有关。

哈佛大学医学博士丹尼尔·西格尔通过手掌形象化地向

我们解释大脑的结构，以及我们在有压力、情绪时，大脑如何运作，我们会做出什么样的反应。

脑干：调控基本的生命机能（如呼吸、心跳）。
边缘系统（动物脑）：储存情感、记忆，情感触发的指挥器。
前额叶皮质（理智脑）：调控情绪、人际关系、反应灵活度、直觉、视觉、自我意识、道德意识等。

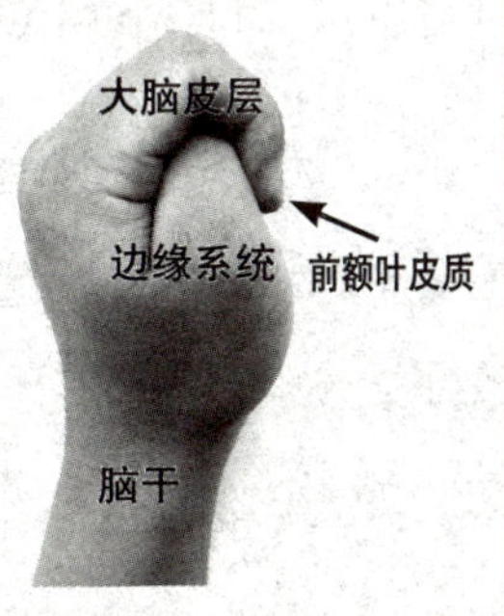

以上图这只手为例，从手掌根到手腕的部分，相当于我们的脑干。脑干是我们大脑中最原始的存在，主管呼吸、心跳等。除此之外，它还负责处理我们受到攻击时的第一反应。

人类由动物进化而来。远古时期，在遭受其他动物攻击时，人的本能反应大致分为三种：

某些情况下，我们会选择战斗。

有些时候，我们会选择逃跑。

如果我们被吓呆了，一时不知道该做何反应，可能会僵在原地，或者用装死来应对。

以上三种应对模式称为“3F”模式。它们分别叫作战斗（Fight）、逃跑（Flight）、僵住（Froze），都由脑干负责。

上图中的大拇指相当于我们大脑的边缘系统，负责储存情感和记忆，尤其是那些不好的记忆。比如我们小时候被狗咬了、被家长骂了、被别人打了等，这些情感和记忆会储存在边缘系统里。

上图中除拇指外的四指相当于我们的大脑皮层，而四指的指甲可代表前额叶皮质，负责理性思考和情绪管理。

丹尼尔·西格尔博士和他的团队在对大脑皮层的研究中发现，当我们陷入某些情绪（比如强烈的愤怒或恐惧）中时，前额叶皮质功能会受影响，也就是说，当我们受情绪影响时，上图中象征着我们大脑的拳头最上面的四指会打开（前额叶皮质功能受到影响）。我们把这种情况形象地叫作我们的大脑盖子打开了。此时，接管我们身体的是脑干，而脑干的本能反应是战斗、逃跑或僵住。

那些让我们追悔莫及的事，很多时候就是在这样的情形下发生的。陷入情绪中时，大脑处于一种非整合状态，进入了最原始的应对冲突的模式，理智思考离我们而去！

我们了解大脑这样的运作方式有什么用呢？

一、让我们对自己有更多的理解和接纳

我们在困了、饿了、累了的时候，大脑盖子很容易打开。比如，你会发现在没睡好、没休息好、上了一天班、照顾了一天孩子时，一旦遇到孩子不好好写作业、不好好刷牙、不好好睡觉等，很容易冲孩子发火（我们的大脑盖子很容易打开）。

了解了以上知识，我们就可以对自己的行为有更多的接纳，明白有时做不到和善而坚定的原因是情绪来了、大脑盖子打开了、理智不“在线”了。这时我们先要让自己冷静下来，合上大脑盖子，再去跟孩子讨论作业、刷牙、睡觉的问题。

这就是学习的意义。了解得更多，我们才有机会做得更好。

二、让我们明白，大脑盖子打开的时候，往往不是做决定或者解决问题的好时机

通常，我们会在生气的时候揪住一件事情不放。

实际上，当陷入情绪中时，理智脑不再发挥作用。此时我们无法做出理智的决策，也没有办法对身体和情绪进行很好的控制，学过的所有沟通、教养技能都想不起来了，更无法共情孩子，只想去“战斗”——面对弱小的孩子，我们更倾向于战斗，征服对方，分个胜负。

很多家长学习了这部分知识以后，恍然大悟：“我终于知道为什么有时候控制不住自己，原来是我的大脑宕机了！以后我再也不发脾气了！”这是学习的意义。然而，这样的期待有些不切实际。我们都是人，都有七情六欲，都会有控制不住自己的时候。重要的是，我们对自己的情绪状态要有觉察，能即时判断大脑盖子是不是打开了。如果是，请记得告诉自己，当下不是做决定或者解决问题的好时机，要先解决情绪，再关注问题。

三、让我们明白，情绪会传染

人类大脑里有一群被称为“镜像神经元”的神经细胞，它的功能是反映他人的行为，使人们学会从简单模仿到更复杂的模仿。不论是自己做出动作，还是看到别人做出同样的动作，镜像神经元都会被激活。这就能够解释为什么我们看到其他人打哈欠时，自己也会被传染；当别人大笑时，自己也会不由自主地想笑；别人愤怒的时候，我们也会感觉生气、烦躁。

所以，在与他人发生争吵或者和孩子产生冲突的当下，镜像神经元也在起作用，一方的大脑盖子打开后，另一方的大脑盖子也很容易随之打开。这样一来，两个人的理智脑都无法正常工作。一般情况下，家长会进入战斗状态，而孩子则可能进入战斗、逃跑或僵住中的某一种状态。这种状态下的孩子是没有办法进行思考的，所以，家长不要指望训斥孩子一顿之后，他马上能进入良好的学习状态。

四、让我们更理解孩子，更接纳孩子

孩子如果在气头上说了一些伤人的话，现在我们知道了，不用当真，因为那时他们的理智脑停止工作了。我们应该做的是，给孩子一些时间去平复情绪。

研究表明，前额叶皮质要到孩子25岁左右才能发育完成。所以孩子情绪波动比较大，有时甚至像坐过山车一样，这是正常的。我们不要用成人的标准去要求孩子快速、自如地控制情绪。

五、让我们跟孩子一起互相提醒、共同成长

有学员和我说："学习完掌中大脑，我回家后立马和大宝分享，并约定以后生气的时候，我们一起用大脑盖子打开的手势相互提醒。这样，我们对自己的情绪有了觉察，也就比较容易冷静下来了。"

还有个学员分享说，有一次她吼二宝的时候，她家大宝悄悄地在她耳边说："妈妈，你的大脑盖子打开了。"她听了心里一惊，立马停止了大吼大叫。

在孩子慢慢长大的过程中，尤其到了青春期，孩子体内激素水平不稳定，以及受各种压力的影响，有些孩子可能会一时冲动做出无法挽回的事情，这可能是在他们大脑盖子打开的时候失去理智做出的决定。

因此，我们可以在孩子小时候，用他能理解的方式，把掌中大脑的知识分享给他，并且反复告诉他，不要在冲动或者陷入负面情绪的时候做决定，一定要等到自己冷静下来，合上大脑盖子之后再做决定。长此以往，孩子自然就会拥有稳定的情绪。

对于学龄期的孩子，可以直接为其转述掌中大脑的知识。对于上幼儿园的小朋友，可以换个他容易理解的方式。比如，把大拇指称为"情绪小怪兽"，告诉他"它本来乖乖地待在笼子里，当你困了、饿了，或者害怕、生气的时候，情绪小怪兽就跑出来了，它会大喊大叫或者大哭。这时候我们要停下来，深呼吸，再做点让自己开心的事，情绪小怪兽就会回到笼子里"。家长也可以结合绘本或桌游，在日常生活中引导孩子掌握这些非常重要的知识。

正面管教很多工具和理念都基于教育学和脑科学。我们要记住，大脑盖子打开的时候，不是解决问题的好时机，也无法培养孩子的品格和技能。我们应该先连接后纠正，先处理心情再处理事情，和善与坚定并行，让孩子的感觉好起来，情绪稳定下来，合上大脑盖子，这时候孩子才能进入学习和思考的状态，才能理智地处理问题。

工具 2

认可孩子的感受，帮助孩子识别情绪

很多家长都希望孩子情商高、情绪管理能力强，你是否对孩子也有同样的期待？

“情商之父”丹尼尔·戈尔曼认为，情商包括五个方面的能力：一是认识自身情绪，二是妥善管理情绪，三是自我激励，四是认识他人情绪，五是管理人际关系。这五个方面中，有三个方面与情绪直接相关，一是认识自身情绪，二是妥善管理情绪，三是认识他人情绪。

帮助孩子识别情绪，有一个可行的办法，那就是家长要学会认可孩子的感受。这不仅可以帮助孩子认识自身情绪，还能让孩子感受到与父母的连接，愿意跟他人合作。

认可孩子的感受，家长需要怎么做呢？

第一，允许孩子有自己的感受，不要否定孩子的感受。

第二，不要总认为自己可以修复、解救孩子，或者总是试图说服孩子放弃感受。

第三，认同孩子的感受，比如，试着对孩子说："我能看出来你真的很（生气、沮丧、伤心等）……"

第四，相信孩子有能力处理自己的情绪。

孩子走路摔了一跤，哇哇大哭，有的家长会说："这有什么好哭的呀？你自己走路摔了还好意思哭！让你不好好走路！"孩子的玩具被抢了，闹脾气，有的家长会说："多大点事？你应该学会分享！"类似这样的场景不胜枚举。当孩子伤心难过的时候，我们并没有看见、理解孩子的情绪，而是一味地讲道理，甚至有时迫于社交压力，或为了面子，采取劝阻、训斥的方式应对孩子面临的挑战，这都是在无意中否定孩子的感受，不允许孩子拥有自己的感受。

孩子的大脑时时刻刻在做着决定。如果孩子的情绪长期被忽视，他会做出什么样的决定呢？孩子可能会觉得自己在妈妈的眼里不重要，这时他就会用各种各样的方式去争取自己的权益，甚至采取报复家长的方式，而这无疑又会引发家长新的训斥和否定。最可怕的是，在这样的恶性循环过程中，孩子的情绪一直没有被看见，可能会让孩子的情绪暴躁。这不仅容易让孩子失去理智，还会影响孩子的身心健康。我们的沙盘咨询室接待过不少情绪长期被压抑的孩子，有的孩子出现了抽动、注意缺乏等症状。

认可孩子的感受其实只需要短短的几句话。这看似容易，可对很多家长来说很难。一是受到原生家庭影响，有些家长从小不被允许接纳自己的感受，不被允许表达感受，所以对描述感受的词语非常陌生，从而很难认可孩子的感受；二是因为内心的恐惧，家长害怕认可了孩子的感受会让孩子变得娇气、不坚强。其实，认可孩子的感受是在建立情感的连接，是在表达爱，孩子拥有了足够的爱才能披上真正的盔甲。

各位家长，当你下次看到孩子有情绪时，可以尝试替孩子表达感受，告诉他："我可以看出来这让你非常生气。"也可以向孩子提问："你对此有什么感受？"你会有意想不到的收获。

案例分享 1

在正面管教家长课堂上，一位初中男孩的妈妈与大家分享他们家的故事。她儿子特别讨厌朋友家的女儿，每次朋友一家到家里来做客，两个孩子总是不欢而散，这让这位妈妈觉得既尴尬又困惑。两个孩子从小就在一起玩，关系一直不错，不知道从哪一天开始就变了。这位妈妈不知道如何是好，就在“家长帮助家长”环节提出了自己遇到的困惑。

在角色扮演环节，我们发现，爸爸妈妈经常和儿子说的话就是：“你是哥哥，你要让着妹妹。”男孩会说：“凭什么我要让着她，我感觉在你们心里她比我更重要！”在这个学习过程中，妈妈终于理解了孩子的感受！

这位妈妈课后一回到家，赶紧用课上学到的方法去认同孩子的感受，她说：“儿子，妈妈总要你让着妹妹，你是不是很委屈？爸爸妈妈让你受委屈了。”当她说出这句话时，她看到孩子眼里顿时充满了光。

案例分享 2

在我们的儿童社会情感课程（儿童正面管教课）中，有两位小朋友发生了冲突，两个人谁也不理谁，都在生闷气。我们问他们发生了什么事情，谁也不肯说。这时候“认可感受”常常有四两拨千斤的效果。

“看起来你真的很生气，气得一句话都不想说。”我们的 Tina 老师对其中一位小女孩说。小女孩点点头，暗淡的眼睛亮了起来。她说：“我刚才想去切蛋糕，老师说她来切，让我回座位。我正准备回去，他走过来说：‘你是不是想多吃一块蛋糕？’我并没有想多吃，就踢了他一下。然后我们就打起来了。”

“哦，原来是这样啊！你并没有想多吃，你觉得他冤枉你了，所以很生气？”Tina 老师继续认可小女孩的感受。小女孩长出一口气，感觉自己被理解了。

Tina 老师接着问：“刚才的处理方式，你们都不开心，接下来在一起上课，你们可以用什么样的方式交流呢？”

“那我就直接告诉他：‘你错怪我了，我并不是想多吃一块蛋糕，我只是想去切蛋糕而已。’”小女孩坚定地说。

孩子情绪好了，就能做得好。当我们认可了孩子的感受，孩子的大脑盖子就合上了。你会发现，孩子们是有能力解决问题的。

案例分享 3

父母最不愿意看到的事情就是孩子受苦，因此总着急替孩子解决问题。

有一位小姑娘，她两次申请加入少先队，都没有被选上，她沮丧地回到家把这件事情告诉了妈妈。“你为什么没有被选上呀？”妈妈开始帮孩子找原因，结果孩子更加沮丧，开始对着妈妈发脾气。妈妈觉得出力不讨好，对孩子也有很多怨言。

在家长课堂上，这位妈妈经过角色扮演之后才觉察到，事实已然无法改变，孩子只是需要妈妈的理解。学习完回家后，妈妈对孩子说："入队的事情你很伤心吧？要是妈妈努力了这么长时间还没评上少先队员，也会伤心的！妈妈可以抱一抱你吗？"孩子的眼圈一下子就红了，扑进妈妈的怀里哭了起来。

当你看到孩子沮丧、难过、生气，甚至大哭的时候，不用着急去帮孩子解决问题，先尝试认可孩子的感受。有时仅仅需要这一步，问题就解决了一大半。看到了孩子正在经历的感受，表达理解和接纳，就掌握了打开孩子心门的钥匙。我们在前文曾提到，先连接再纠正，识别并认可孩子的感受正是建立连接的最佳方式之一。一旦孩子的感受得到认可并慢慢平静下来，他们才有机会用稳定的情绪做出负责任的决定。

工具 3

积极暂停，接纳情绪，建立连接

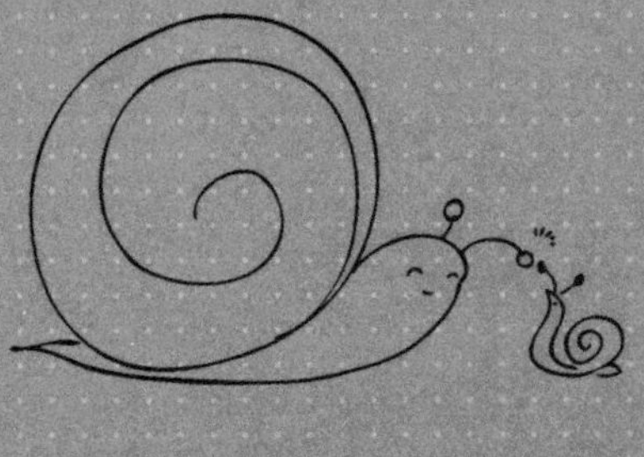

现在我们知道了，当我们有情绪时，应该先把手中的事情暂停一下，待情绪稳定后再继续。暂停也有消极和积极之分，现在我们来体验一下惩罚性的暂停，看看会给孩子带来什么样的想法、感受和决定。

现在你把自己想象成 4 岁的小方。你从 8 个月大的弟弟手里抢了一个玩具。妈妈冲你大喊：“你太过分了！怎么能这样做呢？弟弟还是个小婴儿呢！你给我坐到淘气椅上去，好好想想你做了什么，我叫你起来你才能起来！”

作为孩子，你的想法、感受和决定是什么呢？可以将你的想法写在下方横线上。

“噢，谢谢妈妈，这对我真是太有帮助了！我学到了怎么友好地跟弟弟相处。”你会这样想吗？“哼，这太不公平了！我要找个机会好好教训弟弟！”你会这样想吗？

妈妈处理问题的方式很显然是消极暂停。这种方式无法得到孩子的认可，反而会引起孩子的反抗，并在未来带来更多的挑战。关小黑屋、罚坐淘气椅、站墙角、面壁思过等都是常见的消极暂停方式，本质上是一种惩罚。家长这样处理孩子的问题也许暂时有效，但长期来看负面效果更大。

正面管教主张的暂停，是一种积极暂停。它和惩罚无关，是在明白脑科学原理之后主动地选择，其目的是接纳情绪，让大脑盖子合上，是为了和孩子建立情感连接，让人感到很舒服。积极暂停是事先约定，而且是长期有效的。

积极暂停背后的关键理念是——感觉好，才能做得好！

家长在家里可以跟孩子一起布置一个“积极暂停角”，具体怎么做呢？

第一步，家长可以这样跟孩子说：“宝贝，今天咱们要布置一个特别的地方，在你感到生气、伤心，或者你觉得需要冷静一下的时候可以去的地方。”如果你跟孩子分享过掌中大脑，可以说：“当你的大脑盖子被掀翻，小怪兽跑出来的时候，你可以去这里待一会儿。”“这里可以放一些能帮助你平静下来的东西，因为只有感觉好才能做得好，当我们感觉不好的时候，我们需要先让自己感觉好起来再去做事情。”

让孩子来主导，决定积极暂停角的位置、如何布置，积极暂停角可以是多种多样的。有的学员把飘窗装扮成温馨的暂停角，有的学员买一个单人帐篷给孩子做暂停角，还有的把大纸箱子改造成暂停角。大家可以充分发挥想象，打造出自己专属的积极暂停角。需要注意的是，积极暂停角里尽量不要放电子产品。

第二步，让孩子给积极暂停角起一个特别的名字。

第三步，在孩子生气的时候，我们可以提醒说：“宝贝，到你那个特别的地方会对你有帮助吗？”

我家大女儿芊芊的积极暂停角叫“芊芊的图书馆”。当她生气的时候，我就会说：“宝贝，去你的图书馆会让你的感觉好起来吗？”这时孩子可能说想去，也可能说不想去，我们不能逼着孩子去或者哄着、劝着孩子去，而只是建议孩子去。

家长可以先示范，布置一个自己的暂停角。当我们大脑盖子打开的时候，可以说：“宝贝，妈妈现在感觉很不好，我需要去我的暂停角冷静一下，等我感觉好了我再来找你。”示范几次以后，孩子就知道如何应用积极暂停角了。

在我们和孩子发生冲突的时候，我们可以对孩子说：“我们需要各自冷静一下，你去你的积极暂停角，我去我的积极暂停角，好吗？”如果孩子拒绝的话，我们可以说：“那你愿意和我一起去吗？”

我们和孩子同去积极暂停角，孩子会觉得自己不孤单，这样可以增强与孩子的连接，有助于孩子平静下来。

如果孩子继续发脾气，或者根本不理会你说的话，你可以和善而坚定地说：“我要去我的暂停角了，如果你准备好了，我非常愿意跟你在一起。”然后就走开，去自己的暂停角冷静下来。

也许有家长会问：“积极暂停真的管用吗？”心理学研究表明，情绪是一股能量，情绪高峰通常不超过 90 秒，先暂停一下，让情绪流动过去，然后才是解决问题的好时机。

以上内容可简单总结如下：

1. 积极暂停角的作用是安抚情绪，不是惩罚。

2. 让孩子自己选择暂停角，并布置、起名字，孩子参与得越多越好。

3. 父母自己率先使用暂停角，让孩子看到效果。

4. 不要把孩子“赶到”暂停角，要采取询问和邀请的方式让孩子去暂停角。

案例分享

有一位妈妈在家长课堂上分享了她家大宝布置和使用积极暂停角的情况。

大宝给自己的暂停角取名“我的世界”。他在自己卧室的一角放了一张软软的懒人沙发，墙上贴了一张大大的笑脸，旁边放了《父与子》漫画书。他说：“我情绪激动的时候，躺在软软的沙发上就像躺在妈妈的怀抱里一样，看着墙上大大的笑脸，我的嘴角都会上扬。假如感觉还没有好起来，我就看几页《父与子》，慢慢就会好起来。”

有一次，大宝正在写作业，一扭头发现弟弟在扯自己练习册的书皮，大喊一声：“你干吗呢？！”弟弟停了下来，可书皮已经被弟弟扯坏了。大宝气得呼哧呼哧直喘气。妈妈见状，过来提醒道：“你愿意去你的世界待一会儿吗？”大宝没有说话，径直走到了“我的世界”，开始翻看《父与子》，不久就听到了大宝咯咯的笑声。

在这里给大家推荐亲子共读正面管教绘本《杰瑞的冷静太空》，里面详细地描述了杰瑞建立和使用冷静角的全过程，读完之后就可以邀请孩子一起打造暂停角。

需要注意的是，如果孩子小于 3 岁的话，我们不建议对孩子采用积极暂停，因为这个阶段的孩子需要的是家长的陪伴和拥抱，陪伴和拥抱会让孩子的情绪慢慢稳定下来。

工具 4

“3A”情绪管理模型
——承认、允许、解决孩子的情绪

在我们的童年时代，当我们有了情绪，家长是怎么处理的，你还记得吗？我小时候特别爱生气，我爸常说的话是：“怎么那么爱发脾气啊？哪有那么多气可生呀？回屋去，什么时候不生气了，什么时候再出来！这孩子气性太大了，长大了没有什么好日子过！”有时我都被气哭了，他还训斥我：“哭什么哭，把眼泪憋回去！”

很多人儿时都有类似的经历：不被允许表达和体验自己的感受。当感受被压抑的时候，我们就会失去很多幸福感。

感受是人类行为的动力，所有的行为都建立在感受的基础之上：喜悦时，忍不住分享；愤怒时，想发脾气，想维护我们的权利；恐惧时，会想办法保护自己。

当不被允许表达和体验自己的感受时，就会丧失一部分对自我的认知和控制。这样的人也难以体味到幸福，因为幸福本身就是一种感觉。所以，让孩子去认知和体验感受，是一件非常重要的事情。

正面管教课程里有一个处理情绪的万能工具，我们通过两轮角色扮演来体验一下。

第一轮体验，请你把自己想象成8岁的女孩小方。此刻，你特别生气，因为弟弟把你玩具抢走了。你非常愤怒地跑向妈妈："弟弟抢我玩具，我气死了，我想打他！"妈妈说："这点小事你至于吗？你怎么那么爱生气呀？怎么气性这么大啊？"

你不甘心，又跑向爸爸："弟弟抢我玩具，我气死了，我想打他！"爸爸说："弟弟还小，你能不能让一下弟弟呀？再怎么生气也不能打弟弟呀！动手打人可不对！爸爸妈妈平时怎么教你的呀？回你房间去，什么时候不生气了再出来！"

你更生气了，又跑去找奶奶："弟弟抢我玩具，爸爸妈妈还偏向他，我气死了，我想打他！”奶奶说：“好啦，别生气啦，生气不是好孩子，快别生气了。”

此时此刻，身为小方，你有什么样的感觉、想法和决定呢？可以把你的想法写在下方横线上。

在我们家长课堂上，学员们体验完以后，觉得更生气了，心里更堵了，有人立刻就想动手揍弟弟！

情绪就像洪水一样，需要的是疏解和流动。接下来你继续把自己想象成小方，我们开始第二轮体验。我们用一种新方式回应孩子的愤怒，看看你有什么样的感受。

你非常愤怒地跑向妈妈：“弟弟抢我玩具，我气死了，我想打他。”妈妈说：“宝贝，你看上去真的很生气，东西被抢确实会让人忍不住生气。”

这时候爸爸过来了，你跟他说：“弟弟抢我玩具，我气死了，我想打他。”爸爸说：“假如我遇到这样的情况，我也会很生气。生气是很正常的情绪，每个人都有生气的权利，我不怪你。”

爸爸妈妈还提议道：“小方，要不然我们一起玩‘枕头大战’的游戏，让你消消气吧！或者你愿意去冷静角自己待一会儿吗？”

这时候你有什么样的想法、感受和决定呢？可以把你的想法写在下方横线上。

新的体验让家长课堂上多数学员反馈：不生气了，堵的感觉没有了，也不想打弟弟了。是不是很神奇？爸爸妈妈没有去纠正小方“想打人”的行为，而是先关注她的情绪，当小方的愤怒被看见了，就像洪水有了泄洪口。情绪流走了，理智脑就回来了，“想打人”的挑战自然而然消失了——这就是情绪被接纳的魔力。

除了愤怒的情绪，还有很多情绪可以用上面的方法来处理。我们把第二轮体验中小方爸爸妈妈说的话进行拆解，总结出与孩子沟通的“3A”模型，下面看这三个具体步骤。

“看上去你真的很生气。”

第一步，认可、承认（Acknowledge）小方的情绪感受

“生气是很正常的情绪，每个人都有生气的权利。”

“人都有生气的时候，妈妈小时候碰到你这种情况也很生气。”

第二步，允许（Allow）孩子有情绪

“要不然我们一起玩‘枕头大战’的游戏，让你消消气吧！或者你愿意去冷静角自己待一会儿吗？”

“你愿意抱抱小熊平静一下吗？”

第三步，提供一些可接受的解决方案（Acceptable solution），前提是要符合“三不伤害”的原则——不伤害自己、不伤害他人、不损坏物品

比如，可以让孩子打沙袋，玩“枕头大战”的游戏，捏黏土，画画，冲着玩偶表达愤怒，等等。

先处理情绪再处理事情，情绪处理好了，大脑盖子合上了，一切都可以沟通了。

通过“3A”模型与孩子进行沟通和交流，孩子对自己的情绪产生会有更清晰的认识，也能找到更有效的方法排解自己的情绪，逐步学会情绪管理的技能。

“3A”是一个非常简单有效的情绪管理模型，它不仅适用于跟孩子沟通，也适用于跟成人沟通。无论和伴侣还是同事，用这样的方式交流更容易“同频共振”，让关系更紧密。

案例分享

Tina 老师分享她两个小侄子的故事。有一次到了午饭时间，两个侄子正在看电视，大人喊他们吃饭。这时，突然听到哥哥在客厅里放声大哭，Tina 过去问发生了什么，哥哥边哭边说：“我正在看电视，弟弟就把电视关了。” 3 岁的弟弟瞪着大大的眼睛不知所措。

了解清楚情况之后，Tina 对哥哥说：“宝贝，你看电视正入迷的时候，弟弟直接把电视关掉了，你感觉很生气。换位思考一下，我也会生气的。”哥哥听着听着，哭声就变小了很多。

Tina 又对弟弟说：“宝贝，刚才哥哥哭了，你是不是吓了一跳呀？是不是还有点委屈呀？你知道吃饭时间到了，你想关了电视和哥哥一起去吃饭，是不是？”弟弟撇着小嘴使劲点点头。

Tina 继续说：“原来事情是这样呀，那我们一起来商量一个解决方法吧。”哥哥情绪被接纳之后平静下来，也知道弟弟不是故意的，于是拉着弟弟的手说：“咱们去吃饭的时候可以把电视暂停，不用关掉电视，这样吃完饭还可以把这一小段看完，好不好？”弟弟满口答应。于是哥儿俩手牵着手去吃午饭了。

当孩子的感受被压抑的时候，控制力、理解力就会被阻隔，当你认可、尊重孩子的感受时，孩子才会对自己的行为有更多的接纳和控制能力。

工具 5

共情——分层次、分步骤共情孩子的感受

共情，顾名思义，是我们去共鸣对方的情绪。实际上，共情不仅可以回应对方的情绪，还可以和对方的想法、期望产生共鸣。

我们把共情分为三个层次：第一个层次，说出对方的感受；第二个层次，说出对方的想法；第三个层次，说出对方的期望。共情对方的感受和说出对方的感受比较类似，共情其想法和期望需要我们有较强的观察力，并要设身处地地理解孩子。

比如，孩子说：“我不想去上学。”这种情况怎么与孩子共情呢？

首先猜孩子的感受:“你是不是很烦躁?还是害怕、紧张?”

再猜孩子的想法和原因:“是因为今天要公布考试成绩了,你担心没考好会挨批评?”

最后猜孩子的愿望:“你希望今天考试成绩比较理想,老师不发脾气。”

再比如,孩子说:“丽莉不跟我玩。”我们要怎么与孩子共情呢?

还是先猜孩子的感受:“你是不是很难过呀?”

再猜孩子的想法:“她忽然不跟你玩也不说明发生了什么,你是不是很想知道到底为什么呀?”

最后猜孩子的愿望:“真希望她能好好地跟你说说发生了什么,然后你们能继续一起玩。”

共情是一个特别神奇的工具,是很多家长学完后回到家最愿意使用的工具,因为他们发现这个工具特别有效。孩子本来难以管教,但妈妈一共情,孩子一下子就变得非常配合。

这是为什么呢？从根本上说，共情能够让孩子产生归属感和价值感。通过三个层次表达对孩子全方位的理解，起到了很好的连接作用，能够让情绪得到疏解，帮助孩子识别情绪、管理情绪。共情之后，孩子情绪稳定了，更容易把事情做好。

我们与成年人或者大孩子共情的时候，可以感同身受地直接说出对方的感受、想法或者期望。比如，我们不说："你感到很生气！"而直接说："这确实太让人生气了！"我们不说："因为你觉得太不公平了！"可以直接说："这太不公平了！"

我的大女儿芊芊与我共情得比较多，还听过我的课，已经潜移默化学会了与人沟通的方法。记得有一次我们打算带着小侄子和她去游泳，到了车上给温泉馆打电话才得知停业了！女儿 8 岁了，能理解，但 4 岁多的小侄子没法接受！他在车上一直喊："我就要去泡温泉！我就要去泡温泉！"我女儿开口了："弟弟，姐姐也很失望，去不成真是太遗憾了！现在我们在车上游泳吧。"说完她带着表弟在车上模仿起了划水的样子，小侄子瞬间忘记了刚才的不愉快。

女儿采用了共情的第三个层次——说出对方的期望。可以采用虚拟的方式来满足对方，具有画饼充饥、望梅止渴的效果。我女儿用在车上假装划水的方式，共情了表弟的愿望，于是表弟的情绪很快就稳定下来了。

当我们带着爱和理解去倾听，多用共情的方式来表达对孩子的接纳时，不仅能让他学会接纳自己的情绪，也能快速地帮助我们和孩子建立起情感的连接，并帮助孩子合上大脑盖子，打开解决问题的智慧大门。

一旦孩子觉得自己被理解了，他就会觉得受到了鼓励，就会更愿意听取你的观点、建议，并且更愿意主动去寻找解决问题的办法。

有时候共情的回应就已经能够解决问题了，快去试一试吧。

工具6

反射式倾听——疏解孩子情绪的最佳方法

反射式倾听，就是观察并倾听孩子的感受和想法，然后像照镜子一样，将听到的感受和想法反馈给孩子。可以参考的句式如下：

当……时候，你感到……（感受），是因为……（想法）。

看得出来你……（感受），因为……（想法）。

对于低龄的孩子，反射式倾听比较简单，就是重复他们说的话，把他们的行为、感受、想法复述一遍。我和两岁多的二宝相处的过程中就经常用反射式倾听。

有一次，二宝摔倒了。

二宝：妈妈，我刚才摔倒了。

我：哦，你摔倒了呀。

二宝：但我没有哭。

我：哦，你摔倒了，但没有哭，你真坚强！

还有一次，他告诉我姐姐把他批评哭了。

二宝：妈妈，我哭了。

我：哦，你哭了呀，为什么呀？

二宝：姐姐训我了。

我：哦，姐姐训你了呀，你伤心了，所以哭了。

只是简单地复述，孩子就能感觉自己被看见、被重视。

对于年龄大一些的孩子，反射式倾听不太容易使用，很考验家长的倾听能力。需要听明白孩子表面话语背后所传达的感受、想法，以及有什么期待，再反馈给孩子，跟孩子确认。下面举几个案例，看看家长是如何用反射式倾听跟孩子对话的。

案例分享 1：二年级的小侄子说老师说话不算数

有一次跟侄子视频聊天，聊到即将到来的期中考试，我问他复习得怎么样了，他突然愤怒地说："姑姑，我们语文老师说话一点都不算数！"

我："嗯，语文老师说话不算数。"

侄子："就是的，一年级的时候，有一次语文老师说考了100分的同学，每人都可以得到一张奖状。上次我们班只有两位同学考了100分，我是其中一个，但是老师根本就没有发奖状！真是说话不算数！"

我："你感觉很生气，是因为老师说给100分的同学发奖状，但没有发。”

侄子：“是呀，语文考100分很不容易的！”

我：“嗯，你好不容易考的100分，你希望老师能够遵守约定，给你发奖状。”

侄子：“是的，这次期中考试我要好好复习一下，争取每一门都考95分以上。好了，挂了视频吧，我现在要去看书啦。”

当孩子带着愤怒表达情绪的时候，我们总忍不住想帮助他！姑姑在这里没有给孩子讲任何道理，也没有劝慰孩子，孩子倾诉完情绪得到了释放，这件事情就过去了，这说明很多时候孩子有能力处理好自己的事情，也有办法调整好情绪，他只是需要一对倾听的耳朵。

案例分享2：四年级的小明说明天不去上学了

有一天晚上睡觉前，小明告诉妈妈：“明天我不去上学了。”

妈妈："明天不上学啦？"

小明："是呀。今天老师当着全班同学的面冲着我说：'上课不带教具，还上什么学？'妈妈，其实我带教具了，只不过上数学课被老师没收了。"

妈妈："听起来你有些难过。"

小明："嗯，老师冤枉我！"

妈妈："你感到很伤心，是因为老师冤枉你了，说你没有带教具来学校。"

小明："是的，他居然当着全班同学的面这么说我！"

妈妈："他还当着全班同学批评你。"

小明："对呀。"（声音变小了，情绪也不那么激动了）

妈妈："你和妈妈说说，你希望老师怎么做呢？"

小明："不知道。"

妈妈："假如你是老师，你看到班里有同学没有教具，你会怎么做呢？"

小明："假如我是老师，我会先了解情况，问问同学怎么没有带教具来上课，或者上课时我先把自己的教具借给他，也可以看看同桌是否可以帮助他。”

妈妈：“嗯，听起来这些主意都不错。那今天老师说你没带教具的事情你准备怎样处理？”

小明：“明天我告诉老师，不是我没有带教具，是被老师没收了，我下次注意。”

妈妈：“好的，就听你的！”

和妈妈聊完天，小明开开心心地睡觉去了。

当妈妈听到孩子说“不想去上学了”，没有如临大敌，而是带着好奇运用了反射式倾听的方法，在接纳了孩子的情绪之后引导孩子思考，并想出解决方案，最终化解了一场危机。

案例分享3：六年级的女儿被“欺凌”了

芊芊：“妈妈，有一件事情我实在受不了了，我必须告诉你。”

妈妈：“宝贝你说，妈妈听着。”

芊芊："张小四总是欺负我，我实在受不了了。"

妈妈："她总是欺负你，你受不了了，是吗？"

芊芊："嗯，她总是欺负我。她总是说我，但她没打我。她谁都欺负，听说连班长都打过。"

妈妈："看来她经常这样对待同学。"

芊芊："嗯，有一次她拽我头发，我用手抵挡了一下，碰到了她，结果她大发雷霆。我跟她道歉好几次，她不原谅我。她每次都说我。"

妈妈："我也特别讨厌被别人拽头发。遇到这种情况，人的本能反应会去挡一下，虽然碰到了她，但你道歉了。"

芊芊："每周二、周三的跆拳道课、轮滑课，她也总是说我。"

妈妈："这太烦人了，要是妈妈肯定烦死了。要是妈妈，肯定要跟她打起来。"

芊芊："她欺负我，我就要让大家都知道。我去告诉班里的同学，这样大家都知道她欺负人了。她一个人也不能欺负全学校的人吧。"

妈妈："嗯，妈妈觉得这是个特别好的主意，在学校里找其他同学一起商量。"

芊芊："妈妈，你相信我说的话吗？"

妈妈："妈妈当然相信你，妈妈永远相信你。妈妈永远站在你这边。即使有时候你做错了，妈妈也会站在你这一边，我们一起改正。谁都有犯错的时候。妈妈不相信你相信谁呢？"

芊芊："妈妈，谢谢你！跟你说完我感觉好多了！"

妈妈看到亲爱的女儿这样被欺负，而且明明没做错什么还要道歉，一定是特别心疼和气愤的。但妈妈忍住了，没有急于给出建议，也没有讲道理，最终孩子自己想到了办法，重新获得了力量，母女之间更亲密了。

这样的沟通方式，不仅可以疏解孩子的情绪，更重要的是，能让孩子感受到家长的理解和支持，让他们感觉踏实、安全。这是我们最希望孩子拥有的感受。我们也希望，孩子不管遇到什么难题，都能这样跟我们沟通。

工具 7

拥抱——别的工具都失效时，试着抱一下孩子

工具 7　拥抱——别的工具都失效时，试着抱一下孩子

正面管教中有一个工具是“拥抱”，有人会说：“拥抱也能算是一个育儿工具吗？这不是非常日常的行为吗？”

请回忆一下，上一次拥抱你的孩子是在什么时候？如果你的孩子还小，你可能很容易就想起来；如果你的孩子已经超过 10 岁了，你可能需要花点时间仔细想一想，甚至根本想不起来。是什么让我们和孩子之间的拥抱变少了？是他们不需要了吗？还是我们认为他们不需要了？如果你还是经常拥抱你的孩子，这真是一个好消息！说明你和孩子的情感连接依然很紧密。

我的下一个问题是，你会在什么情况下和孩子拥抱呢？

如果你的孩子正在大发脾气，哭着闹着要买一个玩具，或要再吃一块巧克力，或要再看一会儿电视，或要再玩一会儿手机……你会拥抱他吗？我猜你很可能正在摇头吧！你会说：“这个时候我烦得不行，恨不得揍他一顿，怎么可能拥抱他呢？”

下面来看看如何让“拥抱”这个日常行为变为育儿工具，化解孩子的怒火。

当你的孩子大发雷霆时，你站在他的面前，尽量保持内心的平静，用关切的眼神传递你的理解和关爱，并尝试给孩子一个肢体的接触，比如拍拍肩膀、摸摸手臂。

保持用关爱的眼神注视着孩子的眼睛，同时仔细观察孩子的情绪，看看孩子是更加愤怒，还是有所缓和。

如果孩子的情绪已经有缓和的迹象，你可以试着说出他的感受（可以运用反射式倾听）：“你很想要一个玩具，你是不是感觉很着急、很生气？你真的很想让妈妈给你买那个玩具……”

到这里，我们已经运用了好几个正面管教工具，比如连接、倾听、认可感受。接下来新工具要隆重登场。

你继续看着孩子的眼睛，对他说："我需要一个拥抱。"这时孩子可能会继续哭闹并坚持他的主张。不管孩子说什么，不去回应他的具体要求，继续说第二次："我需要一个拥抱。"如果这个时候孩子过来抱你了，那就好好地抱一抱。如果孩子还没有过来，就看着他的眼睛继续说："我需要一个拥抱。"这时孩子过来抱你了，那就紧紧地抱住他，好好地享受这个拥抱。如果孩子还处在情绪当中，仍然没有来（这是有可能发生的），你说："我真的很需要这个拥抱，等你准备好了再来找我，我在旁边等你。"然后就走到一边。这时也许会发生一件很有意思的事情，那就是孩子很有可能会跑过来抱住你。

你发现了吗？当我们不是主动去抱孩子，而是请求孩子拥抱我们，孩子刚开始通常都有些错愕和惊讶，但是最后多数孩子都会"满足"你的要求，拥抱你。一个大大的、温暖的、真诚的拥抱，胜过千言万语。这就是我们今天的正面管教工具——我需要一个拥抱。

这个工具背后的原理是，感觉好才能做得好。每个人都渴望连接、归属和价值。当我们通过一个温暖的拥抱建立了连接，化解了情绪，孩子感受到归属，以及"我能满足妈妈”的价值感，他们的情绪就会好起来，行为也会随之发生变化和调整。拥抱也是在践行“先连接后纠正”这一重要的正面管教理念。在上述案例中，我们没有急于处理引发孩子大喊大叫的具体事件，而是先处理孩子的情绪。因为我们知道，只有当孩子的情绪慢慢平复，他才能恢复理智。这时候我们再和孩子一起讨论刚才的话题，寻找解决方案，事情就会顺利进展下去。

这个工具看似简单，其实很考验家长的定力，需要家长真正做到和善而坚定，内核稳定且有力量。

面对正在发脾气的孩子，为什么要请求孩子给我们一个拥抱，而不是直接给他一个拥抱呢？这两者有什么不一样？孩子正在闹情绪时，对我们有诸多不满，如果我们直接拥抱孩子，他会接受吗？而当我们请求拥抱的时候，是把选择权交给了孩子。当孩子同意拥抱时，双方的感觉都好了起来，这份价值感也属于孩子——孩子有了归属感和价值感，这是“拥抱”工具在发挥作用。

还有一种可能，你按照前面的方法操作完之后，孩子并没有拥抱你。别担心，那可能是他真的太生气了。我们要允许孩子有自己的情绪，让他和自己的愤怒情绪相处一会儿，我们要信任孩子，相信他能够调节好自己的情绪。

拥抱不仅适用于我们和孩子，也适用于我们和其他家人。有一次，一位在结婚前就来我们这里上课的幼儿园老师欣喜地和我们分享，她和伴侣之间如果发生了争执，她就会说:“我需要一个拥抱。”这就像两人之间的暗号，伴侣听到后就会过来一把抱住她。当两个人抱在一起的时候，就再也吵不起来了。

还有一位学员与我们分享过她的故事：她的父亲平常爱发脾气，有一次她在爸爸又发脾气的时候冲上去给了他一个拥抱。老爷子当时都愣了，不知道怎么回应，后来默默地走开了。这位学员说她拥抱爸爸的时候很紧张，看到爸爸的反应时很激动，觉得拥抱真的很管用。

下面这个学员的分享也令我们特别感动。这位学员的儿子 5 岁多时，有段时间特别爱发脾气。有一次他们坐着私家车长途旅行时，孩子又爆发了，在车上大哭大闹。妈妈一时之间也没想到别的办法，她就一遍又一遍地重复:“我需要一个拥抱。”“妈妈需要一个拥抱。”她说记不清自己说了多少次，但肯定有十几次。最后孩子的情绪终于慢慢平复了下来，他拥抱了妈妈。

很多人并不擅长用拥抱来表达情感，但其实我们人类是很需要拥抱的，很少有人能够抗拒一个温暖的拥抱！所以，当所有的办法都不管用的时候，试一试爱的拥抱吧。

工具 8

陪伴式倾听——等待，有时候很好用

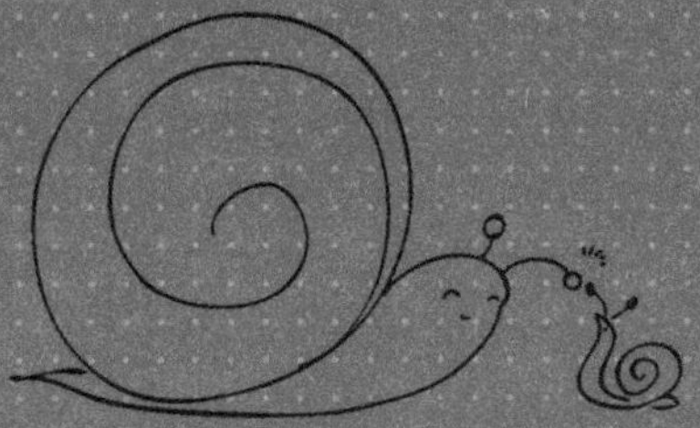

我相信，阅读这本书的家长都特别注重孩子的教育，并且知道沟通的重要性，特别渴望和孩子好好地交流。

各位家长，你有没有遇到过这样的场景——孩子放学回来后，你问他：

“今天过得怎么样啊？”

“还行。”

“学校发生什么有意思的事了吗？”

“没有。”

家长的态度很和善，而且用了非常标准的启发式提问，但是我们和孩子之间的交流似乎无法深入，没聊两句就戛然而止。为什么会这样呢?

简·尼尔森博士是这样说的:“当你准备好聊天，但孩子还没有准备好的时候，他们会感到被质问。”确实，如果孩子没有做好聊天的准备，他们自然没有沟通的欲望。

我们都知道沟通很重要。很多时候，我们认为说话就是沟通。可是，我们往往忽略了“倾听”在亲子沟通中的重要性。很多家长抱怨孩子不听话，那么身为家长，有没有做出良好的倾听示范呢?

还记得镜像神经元吗?如果我们能够成为一位更好的倾听者，孩子也将学会成为一位更好的倾听者。心理学家鲁道夫·德雷克斯认为，如果我们希望拥有更好的孩子，父母应首先要求自己成为更好的教育者。为了提升我们的倾听技能，我们来学习这个工具——陪伴式倾听。

有人说，陪伴式倾听是最简单的正面管教工具之一，因为它需要我们做的只是坐在孩子身边，什么都不说。如果孩子问你想干吗，你就说:“我只是想陪你待几分钟。”如果孩子开始说话，那我们只需要听；如果孩子不说话，我们就享受这样一个陪伴的过程。是不是特别简单？

不过当你去实践的时候，你会发现这个工具没那么简单，因为坐着不说话对很多家长来说很难。也许你需要“用一只手不经意地捂住自己的嘴”这样的小提示——提醒自己少说话。如果你经常用这种方式陪伴孩子，一段时间之后，也许他就会在不经意间开口与你交流。

用一只手不经意地捂住自己的嘴

对于青春期的孩子，这个工具尤其重要。简·尼尔森博士曾经分享过一个自己和小女儿玛丽的故事。当玛丽十几岁的时候，她早上做上学准备，对着洗手间的镜子梳妆打扮，这时尼尔森博士走进卫生间，坐在浴缸的边上。当她第一次这么做的时候，玛丽问：“妈妈，你想干什么？”博士回答说：“没什么，我只是想陪你待几分钟。”玛丽等着看接下来会发生什么，结果什么也没发生。那段时间，尼尔森博士每天早上都这么做，没过多久，玛丽就习惯了妈妈待在那里，什么都不说，什么都不问。不久之后，玛丽就自然地和妈妈聊起了她生活中发生的各种事情。

当家长只是坐着陪在孩子身边，给他几分钟时间和一定的空间，用陪伴表达对孩子的爱和关注，并且只是倾听的时候，那些抗拒回答问题的孩子也许会作出回应。

需要注意的是，当孩子开口之后，我们只需要作出简短的回应，如会意地微笑、点头、注视着孩子的眼睛，说“嗯嗯”“还有吗？”，这样孩子会更愿意倾诉。而如果家长忍不住说教的话，很可能导致沟通中断，下一次孩子可能就不愿意开口了。

总的来说，这个工具的核心要义就是我们要花一些时间和孩子“在一起”，心无旁骛地享受陪在他们身边的时光。放下交谈的期待，当我们不再想着去改变他们的时候，也许改变就会自然而然地发生。

陪伴式倾听不仅适用于家长和孩子之间，也非常适用于朋友、夫妻之间。试着找一个固定的时间陪伴你的爱人，也可以把这种陪伴作为你们特殊时光的一部分，是不是觉得既简单又浪漫呀？

陪伴式倾听，这个看似简单的小工具，也许能重新开启我们与孩子、爱人、朋友的沟通之门。

工具 9

与孩子同频，站在孩子的角度感受、思考

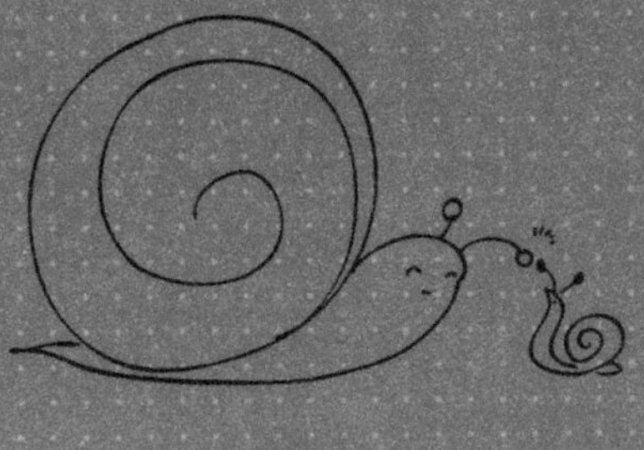

有一位特别苦恼的妈妈和我们分享了她的故事。她的儿子 6 岁，刚上一年级，有一天放学后回来非常开心地说："妈妈，我特别喜欢我们班的 ×××，因为她特别漂亮！"妈妈听了之后内心一颤，但还是故作镇定地对孩子说："你们成为好朋友了吗？我觉得你要是表现好她才会喜欢你，才愿意跟你做朋友。"妈妈还想接着解释一下怎么做才是表现好，但孩子"嗯"了一声就跑开了，刚进门时的那股高兴劲儿也没了。妈妈感觉到孩子不爱听了，这次沟通只好作罢，但她的内心一直想着这件事，一直担心孩子会早恋，处理不好同学关系。她很想引导孩子，告诉他是非对错，但孩子根本不想听她的。

我想，很多父母都会有和这位妈妈一样的烦恼，孩子每遇到一件事情，家长都将其视作教育机会，希望能够更好地引导孩子，但往往不得其法。问题到底出在哪儿呢？

作为旁观者，不难发现，上面案例中妈妈的关注点和孩子的关注点没有关联，他们不在一个频道上，妈妈没有恰当地回应孩子，导致双方不欢而散。

接下来请你把自己想象成下面这位8岁的小女孩小方，体验一下如果你很开心地跟家长分享一些好消息，却得到以下回应，你的内心会有什么样的想法、感受和决定呢？

情景一：

小方：妈妈，今天我们球队赢了！

妈妈：可以写一篇好作文了！（或者：你的作业写完了吗？）

情景二：

小方：妈妈，今天我们球队赢了！

妈妈：有什么值得高兴的呀，你们今天的对手太弱了吧？

情景三：

小方：妈妈，今天我们球队赢了！

妈妈：你忘了上次骨折住院的事情了？我刚看了新闻，有一个男孩打球时头部被撞，视网膜脱落了！

情景四：

小方：妈妈，今天我们球队赢了！

妈妈：无回应（什么话也不说，继续忙自己手头的事情。）

作为孩子，你的想法、感受和决定是什么呢？可以把你的想法写在下方横线上。

你是不是觉得沮丧、泄气、失望，认为家长不理解自己，沟通的欲望也降到了冰点？

下面我们针对上述几种常见的回应方式逐个进行分析。

无关回应：“可以写篇好作文了。”“你的作业写完了吗？”

孩子说A，家长说B，完全没有倾听孩子说了什么，也不在乎孩子的感受。也即，孩子感受不到与家长的连接。

否定孩子的感受：“有什么值得高兴的呀？”

孩子高兴时，家长说不值得高兴；孩子生气时，家长说不值得生气；孩子害怕时，家长说没什么好怕的。总之，家长对孩子的感受不认可，希望通过采用否定的方式让负面感受消失。

反人类情感的回应：“你忘了上次那件可怕的事情了吗？你不知道会产生可怕的后果吗？”

这种回应方式很糟糕。家长给孩子热衷的事泼冷水，夸大小概率事件，甚至想要逆转孩子的情感，只会得到更糟糕的结果。

无回应：家长态度冷漠，忽视、无视孩子的情感和诉求。

这是最为糟糕的一种回应方式。

那么，应该如何恰当地回应孩子呢？接下来让我们一起尝试新的回应方式。

小方：妈妈，我们球队赢了！

妈妈：太好了！来，我们击掌庆祝一下！

小方：妈妈，我抓到了一只蚱蜢！

妈妈：你好厉害呀！蚱蜢可不好抓，它跳得那么快、那么高。

小方：妈妈，今天皮划艇比赛我们组搁浅了6次，但最后我们还是得了第一名！

妈妈：哇，你们太了不起了，快跟我好好说说你们获胜的全过程。

这种回应方式叫作同频共振，就是家长和孩子交流的时候，用心去体会孩子的感受，并将自己的感受用语言、神情、肢体动作表达出来。当家长和孩子处在同一个频道的时候，共振就发生了。同频共振可以让忧伤减半，喜悦加倍。

心理学家阿尔弗雷德·阿德勒把共同体感觉描述为“用他人的眼睛去看，用他人的耳朵去听，用他人的心去感受”。如果家长能做到用孩子的眼睛去看，用孩子的耳朵去听，用孩子的心去感受，就能做到和孩子同频共振。我们和孩子连接的本质就是同频共振。

回到我们本节开头提到的那个例子，当孩子兴高采烈地回来告诉妈妈：“妈妈，我特别喜欢我们班的 ×××，她长得特别漂亮。”如果我们用心去体会孩子的感受，用同频共振的方式回应孩子，我们可以这样对孩子说：“刚开学一周你就找到了特别喜欢的同学，真令人开心！”和孩子建立起了情感上的交流，后面的引导纠正就更容易进行。“先连接再纠正”，让我们和孩子的沟通又多了一种方式，就是调到和孩子同一个频率，去认可孩子的感受。

确认孩子的感受，并允许孩子有自己的感受，是对孩子生命最好的滋养。让我们从同频共振开始和孩子连接吧。

工具 10

带着爱，和善而坚定地和孩子说“不”

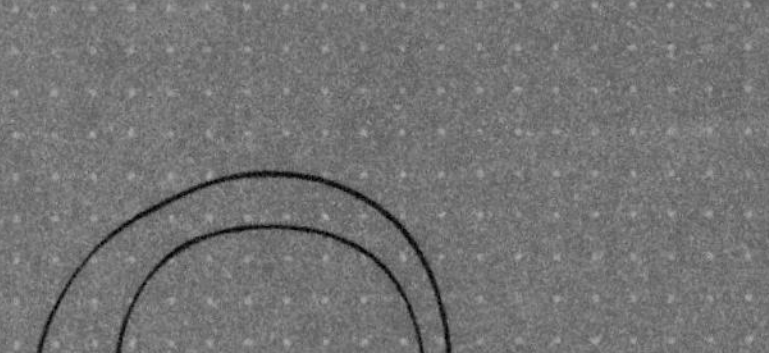

孩子在日常生活中总会提出各种各样的要求，父母不可能完全满足孩子，那该如何拒绝孩子呢？

请你把自己想象成 6 岁的小方，我们体验一下下面几个熟悉的场景。

场景一：妈妈接你放学经过小卖部

小方：妈妈，我想买零食。

妈妈：你怎么又要买零食，零食里有很多添加剂，吃了没什么好处，你不知道吗？

场景二：妈妈带你去商场玩

小方：妈妈，我想买个布娃娃。

妈妈：别买了！咱们家都一堆布娃娃了，你今天要一个明天要一个，加起来不少钱呢！妈妈挣钱容易吗？你这孩子怎么只考虑自己呢？

场景三：妈妈正在做晚饭而你想下楼玩

小方：妈妈，我想下楼玩。

妈妈：你怎么这么不懂事，就知道玩！妈妈为了这个家整天忙个不停，饭还没做好，你又要下楼！也指望不上你爸爸，你把妈妈分成两半行吗？

作为孩子，对于妈妈的做法，你有什么感受、想法和决定呢？可以把你的想法写在下方横线上。

你是不是觉得伤心、失望、难过、沮丧，或是生气、愤怒、懊恼？会不会还有一些自责？那你觉得自己是个什么样的孩子呢？是不是觉得自己不被家长重视、不被爱、不懂事、不体谅大人？

当孩子提出各种要求时，通常情况下，家长会有以下几种回应方式。

第一，有的家长因为不忍心拒绝孩子，过度消耗自己去满足孩子，最终将一肚子的委屈转化为对孩子的不满。这种家长其实是在满足自己内心的某种童年缺憾。

我家二宝刚学走路的时候，很喜欢爬楼梯。大人弯着腰扶着他爬楼梯会非常累，我至今记得我爱人满腹怨气地扶着二宝爬楼梯的情景。我跟爱人说："你累了就拒绝二宝的要求，别忍着去满足他。"

第二，有的家长会因为不能满足孩子而深感内疚，于是向内指责自己、向外指责孩子。比如，对孩子说："妈妈没用，咱们家没那么多钱。""你怎么这么多要求啊？我小时候可不像你这样！"

第三，有些家长觉得不能惯着孩子，于是开始给孩子讲道理，否定孩子需求的合理性。比如，对孩子说："你就不应该提这样的要求！""你提这样的要求就是自私、不懂事！"

家长的这种回应方式除了讲一堆大道理，还附带了不满情绪，容易让孩子产生"家长是对的，我是错的"的愧疚感。长此以往，孩子可能形成"被拒绝 = 我是错的"的思维模式。这让孩子承受了双重痛苦：一方面自己想做的事情没有达成；另一方面，自己提出的要求是错误的，自己是不讲道理的、是不值得的。

家长长期用这些回应方式与孩子连接，容易让孩子变成低价值感、自卑的人。这样的孩子长大之后，在处理问题时，遇到可能被拒绝的事情会缺乏尝试的勇气；该拒绝别人的时候，也总是犹豫不决、心怀恐惧。在处理同事、朋友或亲密关系时，不知不觉多了很多沟通的雷区。

那家长怎么办呢？怎么做才能既拒绝了孩子的不合理要求，又能让他感受到被爱呢？

答案就是，和善而坚定地告诉孩子“你可以提要求，别人也可以拒绝”，尝试“带着爱说不”。

当孩子再次提出你暂时无法满足的要求时，请在心里默默回想孩子最可爱的时候，也许是他睡着的时候，也许是他专心看绘本的时候，也许是他冲着你笑的时候，也许是他刚来到你身边的时候……心里装满对孩子的爱，然后看着孩子的眼睛，和善而坚定地说“不”，或是摇摇头，无论孩子说什么，你都一直坚持“心中有爱，嘴里说不或摇头”的原则，不唠叨、不说教、不指责，只是带着爱拒绝孩子。

平静地带着爱说“不”，向孩子传达着这样的信息：爸爸妈妈拒绝这件事，不等于拒绝你这个人，不等于你提的要求不合理，不等于我不在意你。我的拒绝仅仅是因为现在不能满足你的要求；拒绝你的时候，我依然爱你，依然理解你的需求，我知道你的需求对于你而言是合理的、重要的。

这个工具非常考验家长的心态，家长的内心要十分强大且平静，不被孩子的哭闹牵着鼻子走。这也是和善与坚定结合的最佳践行。和善是我们平静且带着爱的态度，坚定是我们尊重自己、尊重客观事实场景，并守住底线不动摇，以此为孩子做出有责任感和边界感的示范。

案例分享

有一次，我和奶奶带着我们家2岁8个月的弟弟去参观幼儿园，为入园做准备。当他走到搭建区时特别开心，那里堆满了大大小小各种各样的积木、小汽车、拖拉机，他在垫子上开始玩耍，我和奶奶站在门口和带我们参观的老师交谈。当我们参观完要走的时候，弟弟还没玩够，说："我不走！"

这时候奶奶开始讲道理："走了，该回家吃饭了。""快点呀，老师等着呢，老师要下班啦。"弟弟不为所动。当孩子在外人面前表现出不听话的时候，很多家长会觉得没面子，奶奶也不例外，所以说教很快就升级成批评：“你这个孩子怎么这样呀？一点都不听话！”弟弟依旧没有动，这时奶奶加重了语气，同时拿出了撒手锏：“快点走啦！你再不走我们就走了，不要你了！”

我仿佛看到了熟悉的自己，在没有学习正面管教时，养育工具十分有限，很容易变成这样的状态：一开始好言好语，接下来疾言厉色，最后狂风暴“语”……遇到这种情况通常以孩子情绪升级，家长强行将其抱走或拖走收场。这时候我制止了奶奶，然后在教室门口蹲下来张开双臂，微笑着对弟弟摇了摇头，坚定地说：“我们要走喽。”弟弟仍然十分不情愿，带着哭腔朝我跑了过来。我抱他起来，再用共情工具，认同感受，他的情绪很快平静下来。

当然，学会了“带着爱说不”之后，家长也要慎用。客观事实场景下是需要坚定地拒绝孩子，还是应该和孩子一起想办法去解决问题，需要很多养育中的智慧来分辨，需要大家继续深入学习。

总之，孩子可以提要求，父母也可以拒绝。告诉孩子，拒绝你的时候，我依然爱你，依然理解你的需要对你而言很重要。和善而坚定地带着爱说“不”，做一棵粗壮的大树，岿然不动地对着情绪爆发的孩子，心中有爱，眼中有光，脸上带笑，和善而坚定地说：“我爱你，而答案是不可以。”

工具11

只关注如何解决问题，而不是被情绪带偏

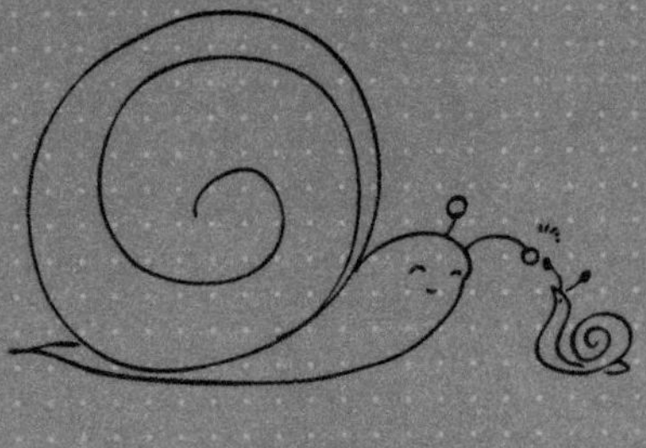

请你把自己想象成 7 岁的女孩小方，你跟弟弟在房间里追逐打闹，突然你听到东西摔碎的声音，原来是妈妈心爱的花瓶碎了一地。这时，妈妈冲出来，对着你和弟弟喊道："怎么回事？谁打碎的？"你和弟弟会怎么做呢？

弟弟可能会说："不是我，我也不知道怎么花瓶就掉下来了。"你可能也说："就是，我们俩玩得好好的，不知道怎么回事。"听到你们这样说，家长可能更愤怒了："啊！犯了错还不承认，这以后还了得！"接下来可能会讲一堆人生大道理，最后惩罚升级——在妈妈看来，这已经不仅仅是打碎花瓶的小事了，而是道德品质问题！

小方，此时你的感受是什么呢？请把你的感受写在下面的横线上。

在这样的管教方式中，你学到了什么美好的品格和技能吗？可以把你的想法写在下方横线上。

现在请你走出小方的角色，回到家长的身份。还记得我们设定的育儿导航吗？上述管教方式真的能让孩子学到品格和技能吗？孩子是在经历和体验中成长的，而不是在家长的说教中学习。当问题出现，家长气势汹汹地追究责任，孩子往往会因为害怕而选择撒谎来逃避责任。

追究责任，是成年人本能的选择，这会让我们感到很安全，因为找到责任人，我们好像就可以找到症结所在，避免下次出现同样的问题。但在养育孩子的过程中，过度追究责任常常弊大于利。那到底该怎么办呢？

我们再进入另外一个场景，你还是 7 岁的小方，你在和弟弟玩耍过程中不小心把花瓶打碎了。妈妈从房间出来，第一时间来到你和弟弟身边，问：“伤着了没有呀？你俩有没有受伤？”

这时候你会有什么样的感受和想法呢？请把你的感受写在下面的横线上。

你有没有感觉到妈妈更关心你和弟弟，而不是更关心花瓶呀？

接着妈妈温和地问："刚才发生了什么？"你们会怎么说、怎么做呢？

妈妈的第三个问题："花瓶碎了一地，咱们接下来怎么办呀？"你会怎样回答妈妈？

最后，妈妈又问："以后怎么避免出现这种情况？"

同样的情景，妈妈用了不同的应对方式。试想一下，哪种方式会让妈妈和两个孩子一起动手、齐心协力收拾碎花瓶的场景呢？

对比上述两种处理方式，第一种是在“寻求责备”，第二种是在“关注解决方案”。两种管教方式中，家长与孩子的关系会是什么样？孩子能学到什么品格和技能？

显然，在第二种关注解决问题的管教方式中，孩子能感受到父母的关爱，这会让孩子学会感恩，学习承担责任，犯错之后会想办法解决问题，并尝试合作。孩子被理解和关心了，他也会去关心和理解他人。

简·尼尔森曾经说过：“面对孩子的挑战，我们是寻求责备还是寻求解决方案？”简的女儿曾经分享过这样一个真实的故事。有一次，简抱怨孩子们把盘子丢到水槽里，她的儿子马上问她：“你是在寻求责备，还是在寻求解决方案？”尼尔森哑口无言，只能回答一句：“说得好！”

在现实生活中，家长寻求责备的情况是很常见的，比如，孩子一感冒，全家都会说：“是不是零食吃多了？是不是衣服穿少了？是不是昨天出去被风吹着了……”每个人都很紧张，都觉得是在哪个环节没做好。实际上，家长应该问：“感冒怎样才能尽快康复，做哪些调整能让身体更健康一些呢？”

放下责备，关注解决方案可以这样做：

1. 确定问题所在。

2. 通过头脑风暴想出尽可能多的解决方案。

3. 选择一个对每个人都管用的方案。

4. 将这个方案实行一周。

5. 一周后进行评估，如果方案不管用，重新开始。

案例分享

我有一位学员家长，学校老师投诉她的孩子在学校卖东西，她听后不知道怎么办好。她在家长课上学习了关注如何解决问题后，回去跟孩子进行了沟通。

她先问孩子："你是怎么想到要在学校里卖东西的？"孩子一口气说了很多原因。她很震惊地发现，原来孩子有这么多好的创业想法。她表示了欣赏、理解和赞叹。

然后，她接着问："那你觉得老师不让你们在学校里卖东西是什么出发点呀？"孩子最初说他觉得老师这种规定很不合理，各种旁征博引地批判了学校的规定，然后说："当然了，老师也有一定的道理，毕竟没有规矩不成方圆呀！"这位妈妈都震惊了，真没想到孩子表达得比她都清楚。

最后，在这种其乐融融的氛围下，她问儿子："你觉得如果还想卖东西的话，可以去哪里卖？怎么卖既能实现你的想法，又不违反学校的规定呢？"儿子和妈妈头脑风暴了很多种方案，最后他们打算在小区里举办跳蚤市场，每个月挑选一个固定的日子，让全小区的小朋友们一起参加这个活动。

关注如何解决问题，是万能的正面管教育儿工具。下面三句话大家可以牢记在心：

1. 发生了什么？

2. 接下来怎么办？

3. 以后怎么办？

孩子不爱弹钢琴，家长去关注解决方案，和孩子聊聊怎么弹钢琴更快乐。

孩子不爱吃饭，家长去关注解决方案，和孩子聊聊对于吃饭这件事他的想法是什么。

孩子跟同学起了冲突，家长去关注解决方案，问问孩子打算怎么解决这个问题。

孩子早晨赖床，家长去关注解决方案，问问孩子什么方式可以让他早晨快速清醒。

关注如何解决问题的万能金句是："对于这个问题，你有什么样的解决方法呢？"邀请孩子一起寻找解决方案，他们的能力往往会令父母大吃一惊。

当我们通过尊重的方式让孩子参与，一起寻找解决问题的方案时，其实是在培养他们更强的处理问题的能力。

需要注意的是，家长不要期望和孩子一起协商出的解决方案像魔法一样，一下子就彻底解决问题。如果一个解决方案不管用，应该重新寻找另一个方案。

关注如何解决问题是一种了不起的能力，不仅育儿时很重要，还适用于多种场景，运用在我们的生活、工作之中也会有极大的启发。多和孩子一起练习这项能力，会让孩子受益终身。

工具12

用正面语言给孩子的洪荒之力一个出路

曾经有一件事让我印象深刻又困惑不已。我在北京的生活基本安稳下来的时候，老妈带着 5 岁的外甥女来我家小住。有一天傍晚我们在小区散步，外甥女正是活泼好动的年龄，她跑在所有人前面。因为当时天已经暗下来，老妈担心她跑远了不安全，就喊她："小妮子，别跑！"喊了好几次，小妮子充耳不闻，继续往前跑。最后老妈追上她，气得在她后背上打了几下。

我见小妮子挨打了，很心疼，但也理解老妈的气恼，她喊"别跑别跑"可孩子偏跑，确实气人！孩子听到"别跑"为什么没有停下来呢？我百思不得其解。直到后来学习了正面管教的"正面语言"，我终于理解了外甥女的行为。

接下来，我们一起体验一下“不语言”的威力。请想象一下，有人对你发出如下硬性指令时，你会有什么感受？如果有条件，请其他人把下面的话念给你听效果会更好。

不要坐下。

不要看我。

不要把手放在身体两侧。

不要站着不动。

不要闭着嘴。

不要站起来。

不要张着嘴。

手不要乱摸。

不要吃手。

不要跑。

不要跳。

……

听完这些指令，你有什么想法、感受，想要怎么做呢？可以把你的想法写在下方横线上。

在课堂上，很多学员听了这些指令表示有些烦躁，说不让我干什么我偏想干什么，还有人表示不自觉地对“不”后面的内容更感兴趣。

然后，我们又进行了第二轮体验，讲师对大家发出指令：

站起来。

看另一个人。

举起手。

张开嘴。

闭上嘴。

拍手。

坐好。

把手拿出来。

把手放在身体两侧。

停下来。

……

在这一轮体验中，你有什么想法、感受，想要怎么做呢？可以把你的想法写在下方横线上。

课堂上的学员大多说感觉很放松，跟着指令做没有想太多。

这两轮指令的区别在于，第一轮指令属于“不语言”，如不要怎样、别怎样。我们在日常生活中经常听到的“别哭了”“别跑了”“不要乱扔”“不要欺负弟弟”“别看电视”“别玩手机”“别磨磨蹭蹭”“不要打架”“不准说脏话”等都属于“不语言”。“不语言”会让人感觉不舒服、烦躁、无奈、被控制、被指责，本能地就想反抗，还夹杂着困惑：“不要这样、不要那样，那到底要我怎么做呢？我怎么做才是被允许的呢？”“不语言”隐含着“你这样做不对”的负面评价，容易引发孩子的消极情绪。

第二轮指令属于正面语言，大家听到正面语言，会感觉比较舒服，而且指令清晰，明确告知孩子应该怎么做，让人感受比较积极、正向。

正面管教提倡用正面语言代替“不语言”，为什么呢？举个例子，当有人对你说：“不要想一只粉红色的大象。”你的脑海里出现了什么？是不是出现了一只粉红色的大象？这是加州大学语言学教授乔治·莱考夫的作品《别想那只大象》中一个非常有名的心理学实验。实验结果表明，没有人能在听到这句话的时候，做到不想象那只粉红色的大象——大脑会自动过滤掉否定词，“不语言”无形中强化了否定词后面的那部分内容。

父母的语言塑造着孩子的大脑。由于镜像神经元的作用，父母怎样说话，孩子就会学习父母说话的样子。研究表明，孩子的语言跟父母的语言会有 **90%** 以上的相似度。家长们可以想一下，一天当中你跟孩子说的话里，多少是“不语言”，多少是正面语言呢？

以下是六种可以让孩子感觉良好的正面语言，家长可以尝试用这些正面语言和孩子沟通。为便于家长体会，我们同时给出“不语言”的沟通方式供大家对比。

一、采用“一……就……”的肯定式否定

比如，孩子问：“妈妈，我能不能看电视？”

用“不语言”回答：“你不做完作业就不能看电视。”

用正面语言回答：“可以呀，我们一做完作业就可以看电视了。”

二、给孩子有限的选择

有限的选择是指把选择权交给孩子，让孩子感觉到自己有能力做决定。还是以上面的提问为例。

用“不语言”回答：不要再看电视了！

用正面语言回答：“电视时间结束了，是你自己关电视还是妈妈帮你？”

我们会在下一节为大家详细拆解这个工具。

三、给孩子提出清晰、具体的要求

回到前面我外甥女的例子。

用“不语言”交流：“别跑了，不要跑了！”

用正面语言交流：“停下来，等等姥姥。”

四、日常惯例表的使用

用“不语言”交流：“别磨蹭了，快去写作业（刷牙、换衣服)。”

用正面语言交流:“按照你的日常惯例表，现在该做什么了?”

五、邀请合作

用“不语言”表达:“别打架了!”

用正面语言表达:“谁能来帮妈妈一个忙?”“宝贝，妈妈需要你的帮助。”

六、手势和暗号等无言的信号

用“不语言”表达:“不要乱扔脏袜子!”

用正面语言表达:拍拍孩子的肩膀，然后指指地上的袜子。

这个工具前面已经详细讲解过了，这里不再赘述。

一个小转变可能带来大不同。经过多年的践行，我们发现最大的问题在于家长难以控制自身的情绪——当孩子没有按照家长的期待和要求去做的时候，他们经常会感到生气、失望、烦躁、无奈……当这些情绪出现的时候，家长很容易失去理智，会忍不住用最习惯、最能体现家长权威的方式来应对问题，这时“不语言”往往脱口而出。所以，家长要随时觉察并管理自己的情绪。如果我们带着一肚子不满，即便说出来的像是正面语言，但用凶巴巴的语气说出“放下手机！”“关掉电视！”也成了带着情绪的命令，效果自然会大打折扣。

这时，我们应该做的是积极暂停，深呼吸，先让自己平静下来，再带着尊重，和善而坚定地说出真正的正面语言。

工具13

鼓励——孩子需要鼓励，就像植物需要水

教育家陶行知先生和四块糖的故事，大家听说过吗？陶先生担任校长的时候，有一天看到一个男生向另一个男生扔砖头，十分危险。陶先生便将其制止，并叫他下午三点到校长办公室。

陶先生回到办公室，发现男孩已经等在那里。他笑着掏出一块糖对男孩说："这颗糖是给你的，因为你很守信用，没迟到还提前了。"

眼前的这块糖令男孩出乎意料，他惊呆了。

接着陶先生又掏出一块糖，说："这也是给你的，我让你住手，你立即就住手了，说明你很尊重校长，尊重别人是很重要的品质啊。”

男孩没想到不但没有被责骂，还被肯定了，站在那里瞪大眼睛说不出话！

陶先生又说道：“刚才我去了解情况了，你向同学扔砖头是因为他欺负女生，这说明你善良、有正义感，我再给你一块糖。”

男孩哭着说：“校长，我错了，同学再不对，我也不应该采取这种方式。”

陶先生满意地笑了，又掏出一块糖：“你知错认错，实在难得，再给你一块糖。我的糖发完了，我们的谈话也结束了，回去吧！”

男孩手握四块糖，眼神里充满了前所未有的光。

这就是鼓励。

鼓励，是孩子犯错时仍能肯定孩子的长处，是看到孩子行为背后的正向意图，激发每个人内在向善向好的力量，从而自我反省并找到自己接下来的方向。

美国儿童心理学家鲁道夫·德雷克斯说:“孩子需要鼓励，就像植物需要水。”这句话广为流传。其实他还说过另外一句话:“鼓励是教养最重要的部分。”这两句话道出了教育孩子的核心。孩子出现不良行为的根本原因，很可能就是缺乏鼓励。鼓励对于孩子的重要性怎么强调也不为过!

德雷克斯认为，鼓励分为两部分：一部分是避免羞辱或过度保护，从而不会使孩子气馁。有的家长反复对孩子说:“你穿得太慢了，我来帮你穿。”“别动，你会把盘子打碎的。”“你太小了，还不行。”“我来吧，我来吧！”这些无意识的话语，会极大地打击孩子的信心和勇气。打碎的盘子和孩子的信心相比，孰轻孰重？我相信父母的心里自有论断。另一部分是积极鼓励孩子。如何鼓励呢？是每一件事情都顺着孩子，对孩子说“你很棒”“你很好”吗？绝对不是!

我们现在邀请你把自己想象成孩子小方，当你听到下面两种不同类型的问话之后，会有什么样的感受和想法呢？先看第一轮体验。

1. 哇，小方，考了 3 个 100 分，你真是我们全家的骄傲！

2. 小方，你画得太棒了！

3. 小方，你真是个好孩子！

4. 小方，你真聪明！

5. 小方，你这样做的时候我真高兴！

6. 你真的好乖！你是世界上最听话的好孩子。

7. 小方，你真厉害！

8. 哇，你数学有天赋，以后肯定能考上北大或清华！

听到这些话，作为孩子，你有什么样的想法、感受呢？接下来想做些什么呢？可以把你的想法写在下方横线上。

我们再来看第二轮体验。

1. 哇，小方，考了 3 个 100 分，你真应该为自己感到骄傲！

2. 小方，我看你用了四种不同的颜色画画，你能给我讲讲画完之后什么感觉吗？

3. 小方，谢谢你帮我拎东西，让我感觉轻松多了。

4. 小方，这个任务全都是你自己完成的，你是怎么做到的呀？

5. 你有自己的判断，你觉得应该怎么做？

6. 妈妈相信你的决定，你想怎么做呢？

7. 无论如何，爸爸妈妈永远爱你。

8. 小方，你数学考了 100 分，是你每天晚上制订计划好好复习的结果。你值得考 100 分。

听到这些话，小方，你又有什么样的想法、感受呢？接下来想做些什么？可以把你的想法写在下方横线上。

上面两轮体验有什么不同呢？你觉得这些话，哪些是对你的评判，哪些能让你内在产生勇气和信心？哪一种是在夸奖你这个人，哪一种是在夸奖你做的事？哪一种只关注结果，哪一种关注了过程？哪一种剥夺了你的成就感，哪一种让你拥有更多的成就感？哪一种让你总产生“别人会怎么想我？”的想法，哪一种让你更关注自己的想法，更能形成自我评价体系？

“你真是我们全家的骄傲！”“小方，你画得太棒了！”“小方，你真是个好孩子！”“你真的好乖！”“你数学有天赋。”乍一听前面这些话，心里可能会非常开心，喜笑颜开。仔细琢磨一下，如果一个孩子长期听到类似这样的话，他会怎么想，他可能会做些什么呢？一直被这么夸，内心会不会产生一丝怀疑：“这是我吗？”作为妈妈，如果这样说，对孩子的爱是有条件的还是无条件的呢？是有条件的。只有孩子做得好才会听到妈妈这样说。孩子为了满足大人的期望，一直会有压力。另外，如果孩子长期听到父母说这样的话，小时候可能会在心理上依赖这种评价，长大后可能比较在意别人对自己的看法。

我们再来看第二轮体验中父母说的话：“你真应该为自己感到骄傲！”“你数学考了 100 分，是你每天晚上制订计划好好复习的结果。”“你值得考 100 分。”“这个任务全都是你自己完成的，你是怎么做到的呀？”

听完这些话，孩子心里又会有什么样的感受和想法呢？内心可能会感到比较温暖、平和。这些话会让孩子知道自己哪里做得好，感觉被赋予了做自己的力量，感受到家长无条件的爱和鼓励。如果长期这样和孩子沟通，孩子知道自己哪里做到了，会增强自我肯定，内心也会变得强大。

以上两轮体验，前一种是表扬，后一种是鼓励。过多的表扬让孩子将自我认知建立在其他人的关注和认可之上。诚然，被关注和被认可是最基本的心理需求，每个人都需要，但是如果孩子始终依赖别人的评价——别人说他不好，他就觉得自己不好；别人说他好，他才觉得自己好，会让孩子没有稳定的自我认知，会被别人的言论左右，最终可能成为一个内心脆弱的“寻求认可上瘾者”。

而鼓励可让孩子把自我评价建立在对自己的接纳和认可之上，不依赖其他人的评价和眼光，让自己成为获得勇气和力量的源泉。

斯坦福大学发展心理学家卡罗尔·德韦克及其团队花了十几年的时间对上述两种体验做了相关的观察、研究和实验。研究发现，如果总是表扬孩子，会导致孩子寻求认可上瘾，而不能增强孩子的自尊。表扬会阻碍孩子承担风险，孩子一旦得不到表扬，就很容易退缩、逃避。而被鼓励的孩子，他们愿意选择更有挑战的任务。

我们明白了鼓励与表扬的区别，是不是从今天开始就必须鼓励孩子，而将表扬视为洪水猛兽、避之大吉？答案是否定的。表扬就像糖果，偶尔吃一粒，会让人心情愉悦；而鼓励就像水果，需要经常吃。

表现良好的孩子更容易得到大家的鼓励，但有种种挑战行为的孩子其实更需要鼓励！德雷克斯说，一个行为不当的孩子，是一个失去信心的孩子，是一个无法用正确方式获得归属感和价值感的孩子。这样的孩子，也有值得鼓励的地方。陶行知先生和四块糖的故事，就是绝佳的案例。

案例分享

一位家长陪着孩子去上架子鼓的私教课，可那天孩子完全不在状态，各种不配合。见此情景，家长在练习室外怒火中烧。这种场景要在以前她早就冲进去骂孩子了，好在刚上完正面管教家长课，她告诉自己要冷静，同时在脑海里努力复习课上的内容。她知道此时批评和责备只能南辕北辙；她想到育儿目标——希望孩子学会坚持；她想到了和善与坚定；最后她想到了鼓励！孩子下课后垂头丧气地走出来，以为妈妈会冲他发脾气，没想到妈妈却说："宝贝，妈妈这次跟着你站了一节课，才发现光站 1 小时就已经很辛苦了，更别说你还要练习和听课。"儿子眼圈红了，说："妈妈，今天课太难了，我听得好难受，又觉得学费太贵，不能不听。我回去一定好好练习。"

每一个有挑战的孩子，都有值得鼓励的地方。鼓励，让我们的孩子从内心深处生发出积极向上的力量。

总之，孩子需要鼓励，就像植物需要水。对于孩子，我们要鼓励、鼓励、再鼓励！想让孩子爱上学习，需要我们鼓励、鼓励、再鼓励；如果发现孩子身上体现出好的品格和技能的时候，就要抓住机会鼓励孩子。

工具14

关注孩子的优点——做到这一点，孩子就能大变样

电视栏目《少年说》播放过这样一段画面：一位初中女生走上讲台，当着全校师生的面，对着台下的妈妈哭诉："为什么我的努力，你就从来没有看到过！你知不知道，每次我受到打击后，成绩就会很差？"

妈妈对此解释说，只有打击孩子，才会促进孩子的进步，当孩子能力不足时，她必须推孩子一把。听完妈妈的解释，女生抹着眼泪走下了讲台。无疑，孩子鼓足勇气的表白，妈妈没有听进去。

当节目主持人邀请妈妈快速说出这位女生的三个优点，妈妈说"善良""口才好""善于表达"。注意，妈妈用两个不同的词表达了同一个优点。提孩子的缺点时，很多家长往往脱口而出，但要提到孩子优点时，则绞尽脑汁——这样的场景是不是很熟悉？真的是孩子优点太少吗？其实是我们的习惯使然。多数家长都盯着孩子不足的地方，是因为他们内心有个“理想孩子”的模板。

我们做过一个小测试，把一张有几个黑点的A4纸展示给家长，问大家看到了什么。

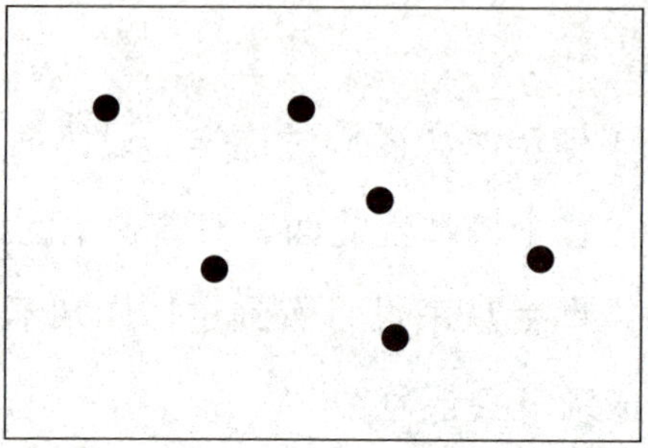

大部分家长会说：“有几个黑点。”我们接着会问几个问题引发大家思考：是白色的面积大还是黑点的面积大呢？为什么我们一眼就看到了面积更小的黑点呢？当我们盯着黑点看时，我们会有什么样的感受？有没有觉得黑色的部分越看越碍眼，甚至产生把这些黑点擦掉的想法呢？

只占页面极小面积的黑点往往能吸引我们绝大部分注意力，而大面积的白色却被忽略。黑色小点就像孩子身上的缺点，而白色是孩子的优点，我们总想着把占比小的缺点去掉。

简·尼尔森博士说，当你把 85% 的时间和精力用来关注 15% 的缺点时，缺点就会被放大，而优点不久就会消失。你看到什么就得到什么。如果你把 85% 的时间和精力用来认可并鼓励优点，优点就会扩大，缺点很快就会消失，因为优点是你看到的全部。当你关注孩子的优点时，对你自己和孩子都是令人鼓舞的。

美国心理学家马丁曾经分享过一个他与女儿之间发生的故事。女儿当时 5 岁，正是活泼爱玩的年龄，这天女儿正在庭院里玩，马丁看到孩子没心没肺地玩，就开始训斥孩子，并提出她在生活中有什么坏习惯。没想到女儿听到爸爸这样说居然开口反驳：“你每天让我改掉坏习惯，改掉缺点，但是我的坏习惯改掉了，我也只是一个没有任何优点的孩子而已。你为什么不能看到我的长处，却偏偏要盯着我这些短处呢？”孩子不经意间说出来的这些话让马丁从一名父亲的角度有了很多的反思。

关注什么就会得到什么。

在心理学上有个著名的实验。美国心理学家罗森塔尔带着他的团队来到一所小学，在不同年级挑选了几个班，进行“预测未来发展”的测评。根据测评，在每个班都挑选出了“优秀发展潜能”的学生名单。罗森塔尔团队把这个名单告诉了学校老师和校长，并特意强调不要对这些孩子有任何特殊待遇。半年之后，罗森塔尔带着团队再次进入学校，发现名单上的学生成绩普遍提高，老师们也给了团队关于这些孩子在品行方面进步的反馈。这时，罗森塔尔揭晓答案：其实名单上的孩子并不是根据测评来确定的，而是随机选取的。但因为老师们信任罗森塔尔团队的权威，对这些孩子产生了积极、正向的期待，从而在语言、行动甚至眼神中，产生了潜移默化的影响，使孩子们取得进步。

这就是著名的“罗森塔尔效应”——被积极期待的孩子，感受到来自成人的认可、鼓励和关怀，也会以积极的态度对待自己，变得更加自尊、自信、自爱。

在正面管教中有个工具叫优点列表。对于小龄的孩子，找一张足够大的白纸，让孩子躺在纸上，沿着孩子的身体外轮廓画出孩子的样子，可以请孩子来装饰、涂色。再和孩子一起讨论他能做到的事情，写在相应的身体部位，比如，可以自己使用勺子独立吃饭了，写在手的位置；可以和邻居、老师说早上好，写在嘴巴的位置……列优点的时候，如果孩子自己想不出来，家长可以帮忙做一些提示，引导孩子自己说出来，家长还可以做细节上的补充。

大一点的孩子，可以在笔记本或者白纸上画出优点列表，和孩子一起讨论他有什么优点，最近有什么进步，等等。孩子说完后家长可以补充。

家长可以把做好的优点列表挂在家里能看到的地方，平时发现孩子的优点随时补充，这能帮助孩子积极、正向地认识自己，并把这种正向认知根植于脑海中。

德国哲学家黑格尔说，世上不是缺少美，而是缺少发现美的眼光。我们换个角度去看孩子的缺点，也许会有新的发现，比如孩子调皮、好动，换个角度看，他是不是具备外向、活跃、有创造力的特点呢？如果孩子害羞、胆小，换个角度看，他是不是善于思考、谨慎呢？

利用优点列表坚持一段时间去发现孩子的优点，家长就会发现孩子与之前有很大不同。

年龄大一些的孩子，比如处于青春期的孩子，他们可能会觉得优点列表这种方式太幼稚，家长可以把发现优点变成一个小游戏，每天用便利贴给孩子写一些描述式、致谢式的话来鼓励孩子。

我女儿小学的班主任何老师经常会给班里的每个孩子写一句鼓励的话，每次都能坚持21天。何老师在教室门外挂了一根绳子，用小夹子把每个孩子的“鼓励树”挂在绳子上，孩子们上学放学、上课下课都会穿过这片鼓励的小森林，被满满的鼓励滋养着。三年的时间里，何老师给孩子们做了四次21天的鼓励，我女儿到现在都觉得何老师是最好的老师。

在我们的儿童正面管教课上，也会让孩子们说自己的优点。有的孩子非常笃定，一开口能说出自己的十几个优点，有的孩子却想很久也想不出来，即使有老师在旁边提示，孩子也表现得犹豫不决，带着怀疑的目光问道：“老师，你说的是我吗？”在连续几天的课程里，助教老师们会将发现的优点反馈给孩子和家长。很多家长也说每天听到老师的反馈，看到孩子的表现，不断地刷新了对孩子的认知。“原来我的孩子有这么多优点，原来我的孩子也可以表现这么好！”孩子们对自我的认知也会从一开始的不确定、怀疑，变得欣喜、自信。

优点列表除了能帮助孩子建立积极正向的自我评价，也可以帮助家长增加父母效能感。盯着孩子的缺点，只会增加家长的挫败感，对自己的养育方法产生怀疑；更多关注孩子的优点，会增强做家长的幸福感，在养育孩子的过程中也能更轻松。

案例分享

有一次儿童社会情感课上来了一个读二年级的男生七七，他在学校经常被投诉多动，和同学有肢体冲突。来上课的第一天，我们发现七七确实有点坐不住，他不停地举手提问，老师看到后示意他停下，但他依然打断老师。他还会在教室里跑来跑去，有时干脆躺在教室中间。他甚至还和同桌女同学发生肢体冲突。助教老师观察后发现七七身上也有很多优点，比如特别负责，特别希望被看到，也会热情地帮助其他小朋友。于是在班级分工时，助教老师鼓励他为班级承担任务。七七一口气选择了三项工作：召回大使、午餐大使、整理大使。在认领了工作后，七七非常认真负责。作为召回大使，一下课就会问老师需要大家什么时间返回课堂，并找老师借来计时器设定好时间，提前几分钟就开始召集大家回到课堂，还没进班的同学他会挨个提醒："马上就要上课了，要回到座位上了。"如果发现还有同学不在教室里，他会飞快地跑到教室外寻找。作为午餐大使和整理大使，他先给其他同学分好午餐后，自己才开始就餐；吃饭的时候，他会关注年龄较小的同学是否需要帮助，帮忙拿餐巾纸；在大家吃完午餐后，他会主动地收拾和整理教室。

助教老师把观察到的这些优点告诉七七，他不看老师，也不怎么回应，说了一声"哦"就走开了。让人惊喜的是，第二天七七的行为就有了很大的调整，不仅没有下座位，举手回答问题时老师如果没有叫他，他也能等待了。在快下课的时候，他和助教老师说："老师，我有点坚持不住了。"可见遵守秩序对他来说确实很不容易，他付出了很多的努力。

在最后的“围圈鼓励”活动中，七七收到了来自老师和同学们的鼓励。七七妈妈后来反馈说，七七在课程结束后和她聊天：“妈妈，老师说我优点的时候，刚开始我觉得很假，那是我吗？可是好几个老师都这么说，同学们也那么说，我自己又思考了一下，我真的就是那个样子。”接着，七七告诉了妈妈他在学校被不公平对待、受委屈的事情，这些事情让他很难过、很有压力，他一直压在心底没有告诉妈妈。在孩子的优点被看到，他感觉到自己被接纳、被认可后，他也更愿意敞开心扉和妈妈沟通了。

从关注孩子的不足到关注孩子的优点，这是思维方式的重要转变。关注优点，能帮助孩子产生积极的自我认知，增进亲子关系。这种方法运用在个人自我成长、夫妻关系中也非常有效。在给孩子作优点列表的同时，也给自己和伴侣做个优点列表，看看生活会发生什么变化呢？

工具15

无条件地爱孩子——家长给予孩子最大的财富

在一次期末考试前，我们深圳爱有方校长陈绮导师（绮导）的一条朋友圈引发了大量朋友关注和转发。

绮导小女儿朵拉上小学二年级，期末考试前她问妈妈："妈妈，我最低考多少分你能接受？"妈妈回复说："你考多少分都是我的宝贝啊，我都要你啊！"孩子再次确认："不及格也要我吗？"

妈妈肯定地说："要！你考 0 分也还是我的女儿呀。"

朵拉松了一口气，说："也对哦，无论考多少分，我都是朵拉。"

妈妈又问："那你能接受你考多少分？"

朵拉表情严肃地想了想，回答："80分，低于80分我就不接受了。"

妈妈说："那如果考了80分以下，你不接受的话，你就来找我，我接受的！"

朵拉说："那你会批评我吗？"

妈妈问："没考好，你会批评自己吗？"

小朋友肯定地说："会！"

妈妈说："你都批评自己了，我还要凑热闹批评你？我要安慰你，帮你啊！我们是一伙的。"

临近考试，孩子们难免会担心自己因为考不好而不被父母接纳和喜欢。另外，之前确定的事情（父母是爱我的）可能在压力下会让孩子产生怀疑："我做得不好了，父母还会爱我吗？我还会被接纳吗？"父母肯定的回应无疑是给孩子吃了一颗定心丸。

作为家长，你是无条件地爱着自己的孩子吗？我相信，所有家长的答案都是肯定的。

同样，你可以问问孩子：“你觉得爸爸妈妈是无条件爱你吗？”无论孩子是笃定还是犹豫，你可以继续问他：“你的考试成绩不理想时，你觉得爸爸妈妈还爱你吗？如果你不想坚持上兴趣班，你觉得爸爸妈妈还爱你吗？当爸爸妈妈生气冲你发脾气的时候，你觉得爸爸妈妈还爱你吗？”

日常生活中，家长的很多话语和行为都是出于对孩子的爱，但孩子却感受不到，不认为这是爱。这是为什么呢？

我们邀请大家再次进入小方的世界，把自己想象成孩子小方，如果妈妈跟你说下面这些话，你会有什么感受、想法和决定呢？

你再这么不听话，妈妈就不喜欢你了。

你再不好好学习，妈妈就不要你了。

我怎么生了你这么个倔脾气的孩子？

都是因为你，妈妈才这么苦、这么累！

你说说你，哪一点像我们家的人？

如果经常听到这些话，虽然父母经常说爱你，但你真的从内心认为自己是被无条件地爱着吗？每个孩子都需要爱，如果经常听到这样的话，他们或许会习惯这种模式，并逐渐形成惯性思维：我就是这样的，都是我不好，被骂、被指责是因为他们爱我。如果孩子在这种心理状态下成长，他们在处理友谊或者亲密关系时，也会对自己不认同，这对孩子的人格培养是不利的。

在绮导和她女儿的对话中，绮导反复确定孩子的价值：只要她是她，她就足够珍贵；她本身就是值得被爱的；她本身就是有价值的；分数不能代表全部。

孩子还不能像成年人那样“做自己”，他们自我价值感的形成主要依赖外界的评价，父母的言行会影响孩子的价值感。现在父母对孩子的接纳度决定了未来他们对自己的接纳度。无条件地爱他们，是他们产生价值感和自信的基本保障。

陈绮导师说：“我也收到家长的一些评论，他们说‘唉，我做不到，修炼不够’‘对着我儿子我绝对说不出这样的话，他不是分数问题而是态度问题’。”

其实，这样的交谈和家长的修炼没关系，和判断孩子是哪种情况也没关系。只要能够区分人的两种价值，而且真心爱孩子就能做到。人有两种价值，一种是存在的价值，可理解为“我就是我，我的存在本身就有价值”，作为家长，爱孩子存在的本身，珍惜和孩子的当下，就让孩子拥有了无条件的爱；另一种是功能的价值，通俗理解就是作为工具在使用上的价值，是“我有能力，我能贡献，我能取得好成绩”。如果家长对孩子说“你要不好好学习，我就不爱你了”“你要不听话，我就不喜欢你了”，这就是过于看重孩子的功能价值。

区分开存在价值和功能价值后，你就会明白，就算孩子躺在家里不上学，什么也不做，他的存在价值依然不会改变——作为家庭的一分子，他的存在本身就有价值，他在就比不在更好！如果能够理解这两种价值，认同自己的存在价值，那么孩子的价值基础会很稳定，不会因为外在评价或者遇到失败而动摇，这样坚定的内核更有利于发展孩子的功能价值。相反，如果一个人不认同自己的存在价值，那么他会因为自己的功能价值时高时低而产生情感上的动摇。人生不可能一帆风顺，总有遇到困难的时候，考试失利、工作不顺等原因让我们陷入自我否定，都是因为过于关注自己的功能价值，失意时对自己全盘否定，从而不相信“我的存在本身就有价值，这次失败了没关系，还有很多人爱着我，我还可以再试一次”。

一个人的存在价值，就是自我认同和接纳，包括对缺点的认同和接纳。现在，你对陈绮导师和女儿对话的理解是不是更深入了？她在帮助孩子区分存在价值和功能价值，她本身就是有价值的，而且她的存在很重要！她对孩子是无条件的接纳，不是只接纳高分数的朵拉，只要是朵拉，就很珍贵。

家长怎样做才能让孩子感受到无条件的爱呢？

一、定期共度“特殊时光”

和孩子共度“特殊时光”的目的是告诉孩子——我的眼里只有你，而家长需要做的是给孩子高质量的陪伴，全身心地陪伴孩子。

二、多说“爱的语言”

像绮导对女儿说的“你考多少分都是妈妈的宝贝，我和你是一伙的”这类“爱的语言”，在我们的课堂上，家长们一起头脑风暴想出来很多，例如：

无论发生什么事，妈妈都一样爱你。

幸亏有你，妈妈很感恩有你这样的孩子。

你是最特别的，你是妈妈独一无二的宝贝。

妈妈就是想要你这样的孩子。

有你这样的孩子，妈妈很幸福。

无论怎么样，妈妈都支持你，妈妈都跟你站在一起。

这些语言家长在生活中可以随时说出来，让孩子感受到归属感和价值感，感受到满满的、无条件的爱。家长也可以每天睡前对孩子表达爱，让孩子美美地入睡。

三、保持身体的接触，拥抱、抚摸孩子

身体的拥抱和抚摸能让孩子更直观地感觉到被接纳、被爱。科学研究发现，在拥抱的时候，身体会释放催产素、多

巴胺等幸福激素，让我们更放松，更能感觉到被爱和幸福。

这就是拥抱的重要意义，每天抱抱孩子、亲亲孩子，或者用充满爱意的目光给孩子发射爱的信号。

四、共情，和孩子真正站在一起

绮导分享了和女儿朵拉的另外一个故事。

期末考试成绩出来了。朵拉的数学考了88分，全班最低，这是她从来没有过的成绩。我看得出她心里很难受，因为一说到数学她就揉眼睛。我问："今天考完试你有什么感觉啊？"她说："语文和英语我很开心，但是数学就有一点难过。全班唯一我做错了一道方位题，我都搞反了，还有同学笑我……"我很心疼她，问道："你哭了吗？"她说："没有，我不敢哭。"我说："你害怕哭了有更多人笑你？哭了就更加尴尬？"她点点头。我搂住她，说："妈妈昨天说了，考多少分我都爱你的，我抱抱你，如果你想哭，你现在可以哭。我和你是一伙的。"朵拉流下了伤心的眼泪。哭了一阵，我感觉她终于放松下来了。我很庆幸前一天我和她谈分数，这可能会帮助她更安全地面对这个小小的挫败。

陈绮导师说，她回想起刚刚开始学正面管教时，她说到接纳孩子，她的导师问过她一个问题："如果有一天，你的孩子成了罪犯，或者吸毒，你还接纳她吗？"她的心突然怦的一下，她一时语塞，说不出话来。随后，她想起了朵拉刚出生的时候睡在她的身旁，阳光洒在孩子身上，那一刻，她有一种拥有全世界的满足感。随即一阵心痛，她的眼泪涌了出来，她说："我会心疼她，同时我接纳她，因为她是我的女儿！"那一瞬间绮导永生难忘——这就是对存在价值的肯定，这就是无条件接纳。

不用靠修行，不必去评估，随时随地都可以告诉孩子："无论怎样，我都爱你！你很珍贵！"

案例分享

我女儿芊芊大概在 5 岁多的时候，经常问我：

“妈妈，你爱我吗？”她需要确认她是不是真的值得被爱。于是我每天晚上睡觉前都搂着她，跟她说：“你笑的时候我爱你，你哭的时候我爱你，你玩的时候我爱你，你看书的时候我爱你，你睡觉的时候我爱你，你不发脾气的时候我爱你，你发脾气的时候我爱你，你不在我身边的时候我爱你，你在我身边的时候我爱你，无论什么时候我都爱你。”

芊芊说：“妈妈，那我打你的时候你爱我吗？”

“你打我的时候我很伤心，但我依然是爱你的。”

“那我发脾气的时候你爱我吗？”

“你发脾气的时候自己很难过，我当然要更爱你了。”

在接近一年的时间里，她经常跟我说：“妈妈，你再跟我说说你什么时候爱我。”于是我就在她睡前跟她一遍一遍地说，说着说着她蹭蹭我的胳膊，钻到我的怀里撒撒娇，慢慢地睡着了。

生命的本质是成为自己。无条件地爱你的孩子，这是给孩子最大的财富，是他们一生自信、自爱的基础。

工具16

给予关注——孩子真的很需要父母的关注

作为成年人，忙碌是生活的常态。下面的场景大家一定不陌生，你正在忙的时候，孩子过来找你："妈妈，你知道吗……"通常情况下，你会怎样回应孩子呢？"等会儿等会儿，没看我正忙着呢吗？等我忙完手头的事情再听你说。"或是一边忙自己的事，一边敷衍地回应两声。

现在，请你转换身份，把自己想象成孩子，你此时会有什么样的感受和想法呢？作为孩子，你接下来又想做些什么呢？请把你的感受写在下面的横线上。

你会带着挫败感走开，认定自己毫无价值？还是一心想要证明自己，不断地找到新的事情来打断家长，一次又一次地在心里呼唤：“妈妈看看我，妈妈听听我，妈妈陪陪我……”

正面管教并不提倡用上面这样的方式来回应孩子；同时，也绝不提倡家长必须放下手上的一切事情，随时随地、无条件地响应孩子的需求，这既没有可能，也没有必要，只会惯坏孩子。既然以上情景出现的概率很大，我们就可以对此有所准备，找到和善与坚定并存的方法，既尊重孩子的需求，也尊重自己的需求。

简·尼尔森博士曾说：“关注，是家长能给予孩子最好的礼物。”家长给予孩子关注，会让孩子觉得自己很重要！

当我们忙碌的时候，孩子来找我们，我们希望传递给孩子的信息是，孩子比我们手头的事情更重要；同时，我们也希望孩子能学会尊重我们，让孩子明白，我们有事要忙，他需要等一下才能得到我们全部的关注。

是的，这就是我们常常说的和善与坚定并存。下面一起看看简·尼尔森博士的儿子布拉德是怎么做的。

在《正面管教养育工具》一书中，布拉德分享说，他经常需要在家工作，因为主要负责处理正面管教官方网站上的相关事宜，所以他总是对着电脑忙个不停。当他的儿子进来找他说话的时候也是如此。和其他父亲不同的是，布拉德注意到了儿子脸上的沮丧。他说："即使我在忙，也可以花 1 分钟的时间停下正在做的事情，并且关注到孩子。如果孩子需要更多的时间，我可以解释，现在恐怕不行，并试着和孩子商量确定一个双方都合适的时间再交谈，给孩子一个拥抱并告诉他'爸爸真的很爱你'，以此结束这次谈话。"

这一次，如果你是布拉德的儿子，你的感觉如何呢？有没有感受到来自爸爸的爱和关怀，同时能够理解爸爸现在没法陪你，而你也拥有可以稍等片刻，以及尊重爸爸的能力呢？如果孩子长期被这样对待，他跟爸爸的关系会怎么样呢?

心理学的研究表明，孩子时不时来“打扰”我们一下，是为了满足内在的心理需求。在我们北京爱有方的儿童发展心理学线下课程中，会专门讲到这一点。课上，高倩导师会播放一段视频《安稳的循环圈》，它来自美国研究依恋关系的学者们。学者们发现孩子们从婴儿期开始，就天然地想去外面的世界探索，经过观察，他们发现了一个有趣的现象：每次孩子们出去探索一会儿，就会回过头来找找家长，看看家长是不是还在那里，如果看到家长还在那里，并且对他们作出积极的回应，孩子会很放心地再次出去探索。这在生活中也可以得到印证：小婴儿刚会爬的时候，通常爬远一点点就会回头看看我们是否还在，如果我们还在，他就放下心来再爬远一点点。

这一“回头确认并再次离开探索”的模式其实一直存在着，只是随着孩子年龄的增长、能力变强，他们出去探索的时间越来越长，范围也越来越大。就像我们的孩子大一点可以自己玩的时候，刚开始玩10分钟、20分钟，就回来找找大人，随着年龄增长，他会玩1小时才回来找大人。孩子继续长大，上学了、住校了……回来的时间间隔越来越长，频次越来越低。这样的循环一直没有改变。

也就是说，孩子来“打扰”我们，其实是在构建他们安稳的循环圈。在这个过程中，家长的重要职责之一就是鼓励孩子出去探索，并且热忱地欢迎他回来。在他每一次回来的时候，给予关注，看着他的眼睛，给他一个微笑，再抱抱他。当孩子确认了自己的归属，就会充满勇气再次出发。

“安稳的循环圈”理论是“给予关注”这个工具的理论注解。我们现在知道，对于小龄的孩子，自己玩一会儿就要来找家长，这种看似“打扰”大人的行为，其实是在满足孩子内在的心理需求。家长此时不能推开孩子，而应像布拉德那样停下来给孩子一点时间、一点关注，孩子就会放心地再次出去探索。慢慢地，孩子就能形成安全、正向的依恋关系和稳定的情绪，这为他未来人生路上的勇敢探索打下了坚实的基础。

案例分享

有一次，由于临时变故，妈妈需要带着 2 岁 3 个月的弟弟一起去单位主持读书会。弟弟第一次去办公室，同事们很喜欢他。因为担心孩子来了影响妈妈主持，所以把他带到另一个教室，想方设法“留住”弟弟，给他拿好吃的，陪他读绘本、玩玩具，为的是分散他的注意力，不让他去找妈妈。

妈妈开始工作前想到了课上学习的“安稳的循环圈”，就叮嘱同事：“如果孩子找我，不用劝阻，直接带过来，让他知道随时可以找到妈妈。”果然，半个多小时之后弟弟就去找妈妈了。妈妈把弟弟抱起来坐在她的腿上，和书友们一起继续读书、讨论。妈妈心里很踏实、平静，因为学习过了，知道孩子这样的行为很正常，他只是需要妈妈的一点点积极关注而已。弟弟安静地坐在妈妈腿上，丝毫没有影响到书友们，书友们反倒对这幅画面表示理解，读书会也完全没受影响。果然，弟弟只待了一会儿，就走开又去找妈妈的同事玩了。

补充一点：寻求认可和关注是人类行为的基本目的之一，孩子真的非常需要父母的关注，尤其是年龄小的孩子！父母的关注会让孩子觉得自己是重要的，是值得被爱的，从而获得归属感和价值感。除了在孩子需要的时候、在找家长的时候被动给予积极关注之外，家长还应有意识地主动给予孩子关注，用“特殊时光”陪伴孩子，也就是给家里的每一个孩子安排单独和他在一起的时间。陪伴孩子的时候，家长要主动给予他百分百的关注。

工具17

倾听——启动亲子良性沟通的魔法棒

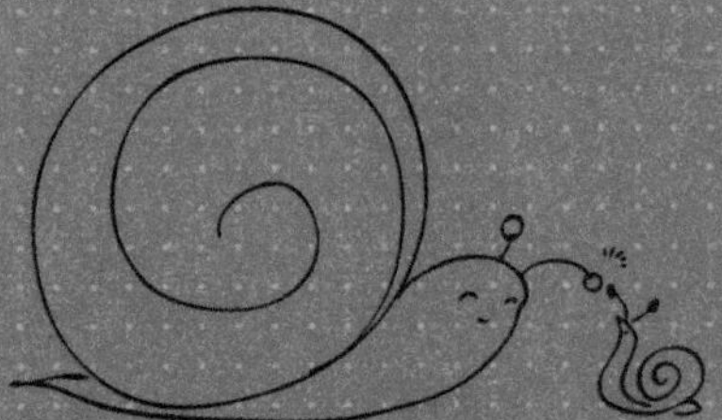

所有人际关系的互动都是从倾听开始的。倾听，是沟通的第一步，而且是最重要的一步。它也是我们和孩子之间交流的起点。

案例分享

我儿子 4 岁多刚学习轮滑的时候，每次去广场练习，刚到就不愿意滑了，跟我说要回家。几次下来之后我有些不耐烦了，说："你都已经到了，滑一会儿再回去吧。不想滑为什么要换鞋子呢？来来回回折腾半天又不想滑……”

他听完撇着嘴说就要回家，然后坐在广场台阶上一动不动。

我意识到我这样劝他不是个好办法，他来了又不想滑到底是什么原因呢？

我：“你不想玩了，想回家是吗？”

儿子：“回家换滑板来。”

我：“哦，你是不想玩轮滑，想玩滑板是吗？”

儿子：“轮滑太慢了，我想用滑板。”

我：“哦，你觉得轮滑太慢了是吗？要是能像滑滑板那么快就好了是吗？”

儿子：“我刚开始学，滑得太慢了，我们老师就滑得很快，嗖嗖的。”

我：“你觉得怎么样才能滑那么快呢？”

儿子：“多练习呗。”

我：“是呀，你才学了几次课，就几乎不摔跤了，要是再经常练习会越来越快的。”

儿子：“我在班上就是滑得最快的。”

我：“嗯，那你觉得原因是什么呢？”

儿子：“因为我练习得多呀。”

我："因为你练习多，你在班级里就滑得快。"

儿子："是啊，我用轮滑多，所以我滑得就很快。"

我："嗯，你自己就体会到了，多练习就会更熟练。所以你打算今天练习多久呢？"

儿子："我滑 20 圈。"

我："好的。"

当我带着好奇心倾听孩子的时候，就找到了打开孩子心门的钥匙。

对孩子来说，只有当他感觉到被倾听了，他才会听。前面我们介绍了反射式倾听和陪伴式倾听，接下来我们从沟通的角度看看倾听中的误区和注意事项。

先看看几个熟悉的场景。

场景一：

孩子哭着跑过来跟妈妈说："妈妈，妹妹把我的书撕了，臭妹妹，我要把她赶出去！"

妈妈说："说什么呢？那是你妹妹，我把她赶到哪里去？不能这么说！你是哥哥，妹妹小不懂事呀，你得让着她呀。书撕破了粘起来就好了，至于这么哭哭啼啼的吗？"

当哥哥被批评和指责的时候，他的感觉如何？他会真心原谅妹妹吗？仔细想想，当孩子过来找妈妈而没有直接打妹妹的时候，他真正的需求是什么呢？他可能只是想要被倾听、被理解。

场景一是无效倾听的第一种方式——指责、说教。孩子倾诉一件事，倾听者立刻指责孩子，没有"听到"孩子话语背后的情绪和期待。

场景二：

同事A说："哎呀，我家孩子的成绩真是让我头疼死了！"

同事B说："你家孩子已经够优秀了，你不知道我多惨。"接着就开始数落自家孩子，根本不听同事A说话。

在那个当下，同事 A 会有什么感受呢？当她想跟同事 B 倾诉的时候，心里堵得满满的，还没倒出来，又填进去另一堆“垃圾”。以后同事 A 还愿意跟同事 B 聊天吗？

场景二是第二种无效倾听——自恋、自传式倾听。当倾诉者倾诉一件事，倾听者听完不做回应，而是开始说自己的事情，完全忽视对方。

场景三：

周末加班回到家，你跟伴侣抱怨：“最近太忙，工作好累啊，下属干活也不给力，一点也不省心，老板还怪我没管好团队，我觉得好委屈啊！这么多年我为公司尽心尽力，领导也不念我的好。”

你的伴侣这样回应：“我早跟你说过，你干技术出身，没有管理经验，要多学习，你也不听！结果呢，现在知道管理难了吧，要不你干脆辞职算了，在家带娃，多清闲自在。”

这是第三种无效倾听——直接提意见建议。当倾诉者倾诉一件事，倾听者听完立马告诉对方“你应该这样做”，全然忽视对方的感受和想法。

先生给太太一些建议，从理性上看这些建议都很有道理。太太情绪好的时候，可能也会这么认为。但太太感觉疲惫和委屈时，这些话可能让她感觉很糟糕，不愿意进一步沟通。

避开这些倾听中的“坑”，我们来看更合适的做法。

一、觉察是改变的开始

和孩子交流时，要注意是否又不知不觉掉进了坑里。正确的做法需要留意两点。

一是当孩子试图和我们说话的时候，我们是否用心去倾听，并且把所有的注意力放在孩子身上，用心体会孩子想表达的真实想法。比如，哥哥哭着过来说想打妹妹，他的情绪可能是委屈、难过，过来找妈妈是希望得到理解、安慰、关注，也希望通过倾诉发泄这种沮丧的情绪。

二是我们需要对自己有觉察，想一想我们在哪些情况下最容易打断孩子，是什么原因导致我们没有听孩子把话说完呢？比如，有些家长听到孩子说在学校和同学打架了，就特别着急，担心孩子受伤、被欺负，立马打断孩子并追问：“哪里受伤了？哪个小朋友打你了？”我们应该去觉察这一份着急的背后是什么呢？是对受伤的恐惧，还是对孩子的不信任，觉得孩子没有能力保护自己？

当我们陷入自己的感受中时，就听不到孩子本来想说的话了。我们也许问出了自己最关注的问题，却没有倾听孩子最想表达的——我们的需要满足了，孩子的需求可能被忽略了。

倾听的第一条注意事项：对自己在倾听的过程中可能产生的评判和情绪保持觉察，要用心倾听对方的需求。

二、不说，只听

在专注地倾听孩子的同时，家长不要随意评论，要做一个只听不说的倾听者。在倾听的过程中可以做的是，鼓励孩子继续说：“能给我举个例子吗？”“还有吗？”孩子能感受到妈妈的理解，愿意倾听，自然就滔滔不绝了。家长多创造机会倾听孩子，对自己孩子的喜好就会有更多的了解。在此基础上，妈妈再表达自己的观点，或者去引导孩子，这样做更容易被孩子接纳。

我们讲述共情的重要性，共情的前提就是倾听，没有倾听就无法做到真正的共情。

倾听的第二条注意事项：不着急表达自己的观点，而是带着好奇心去倾听孩子，用启发式提问、反射式倾听的方法鼓励孩子多说。

三、当孩子说完后，问问他是否愿意听你说

鲁道夫·德雷克斯说过一句话："除非你的孩子想听，否则绝对不要和孩子说话。"这会消除亲子间谈话 90% 的内容！可见我们平时说了多少孩子不想听的话。所以，当孩子倾诉完后，你可以问问孩子："你想听听妈妈的看法吗？"

如果孩子愿意听，我们可以分享；如果孩子不愿意听，或者他用肢体动作、表情告诉你不想再就这个话题聊下去了，我们就不要再说了。因为即便你说了他可能也不会听。这样做确实很难！可你一定也注意到了，如果执意说下去，最后大家往往不欢而散，也许孩子下次遇到类似的事情不再

愿意向你倾诉。

倾听的第三条注意事项：孩子有权选择和我们交流的时机，我们应该尊重孩子，他对事情的看法和我们不一样很正常，尊重孩子有自己感知世界的方式，尊重孩子的不良情绪，这些不良情绪是暂时的，因为情绪会改变，所以沮丧也会变成希望。

四、互相分享后，寻求对双方都有利的解决办法

大多数情况下，孩子在寻求解决办法之前，会有一个发泄情绪的过程。此时，他需要的是支持和倾听。家长要允许孩子完整地经历从发泄情绪到解决问题的过程，他会从中了解到自己的韧性和能力。家长做到这一点的前提是要信任你的孩子。

有耐心和同理心、不打断、不评判，再加一些好奇和尊重——这就是倾听的最好状态，也是沟通最好的开始。

工具18

赢得合作——和孩子一起应对问题而不是拿问题针对孩子

大家在管教孩子尤其是在教训孩子的时候，有没有想过这样一个问题：你是赢得孩子还是赢了孩子呢？

我们回到场景模拟和角色扮演中，请你把自己想象成 7 岁的孩子小方，当家长跟你说“快去写作业！”“快去弹钢琴！”“快去洗澡！”“快去刷牙！”“赶快放下手机！”等指令的时候，你会有什么样的反应呢？

在我们的家长课堂上，扮演孩子的家长常常本能地抗拒：“就不去！坚决不去！”也有学员说家长太强势了，不得不听家长的，于是被家长推搡着到了书桌前，开始心不在焉地写作业。但是随着孩子年龄的增长，他们的反抗意识越来越强，家长的无奈会在此时凸显。

在我们的课堂上，有这样一个体验式活动：扮演家长和孩子的志愿者面对面站着，双手抬至胸前，两人手掌相对并发力，家长说："去写作业！"孩子说："就不去！"

我本人在课堂上数次体验这个活动，当我进入孩子角色的时候，能明显地感受到无奈、气愤和抗拒。我已经完全没心思考虑家长让我做的事情了，因为我所有的心思都用在了跟家长对抗上。而当我扮演家长的时候，我感到非常沮丧、无奈和疲惫，但是我的本能反应是继续用力，去强迫孩子，因为我没有其他好办法。

家长们在管教孩子的过程中，是不是也常常有类似的体验？当我们试图让孩子去做一件事情，而孩子没有配合的时候，我们很容易陷入上述情景——跟孩子对抗，并且想战胜孩子；而孩子会本能地迎战，他们也想战胜我们。于是，我们和孩子之间爆发了战争，谁输谁赢变成了焦点，有时甚至忘记了原本应该做的！现在我们有机会跳出这种模式思考一下，在对抗的过程中，如果我们赢了，孩子就是"输"的人，这真的是我们希望的吗？如果孩子在与父母的"战斗"中一直"输"呢？而如果孩子赢了，我们输了，这又是我们所希望的吗？我们应该明白，真正的亲子关系不应是一场“输赢之争”，否则后果都不尽如人意。所以，在养育孩子的过程中，我们要彻底放下“赢了孩子”的执念，放下让孩子“听我们的、事事服从”的想法，转而进入“赢得孩子”的合作模式。

赢得孩子，意味着在面对孩子带给我们挑战的时候，我们和孩子站在一起，共同想办法解决问题，而不是和问题“站”在一起去针对孩子。

“赢得孩子”的合作就是和孩子统一战线，一起应对问题。

那家长怎么做才能够赢得孩子的合作呢？正面管教有非常简单直接的工具——“赢得合作”的四个步骤。

第一步，先共情，再倾听孩子的感受和想法。

“你对这件事情有什么想法？你的感觉是什么？”

“你觉得……是因为……有时候我也……”（听孩子说完可以共情）

“你是不是觉得……”（如果孩子年龄小，家长可以帮他

说出感受及想法）

第二步，说出自己的感受和想法。

“你想不想听听妈妈的感受是什么？妈妈的感受和你不一样，这很正常。每个人感受都不一样。”

“我感到……是因为……”（描述要简短）

第三步，启发孩子解决问题。

“你觉得我们能做些什么，来解决这个问题呢？”

“为了避免再发生类似问题，以后你打算怎么做呢？”（态度诚恳友好，切忌急躁指责）

第四步，选择解决方案并跟进执行。

“咱们来投票吧，选一个我们都同意的方案。”

“咱们先试用三天或一周的时间怎么样？下周一下午（约定具体时间）我们再碰头看看新办法是否管用。”

“赢得合作”的四个步骤非常有效，它能营造一种让孩子愿意听、愿意合作的氛围，并有助于孩子产生归属感和价值感。

使用这四个步骤时需要注意以下几点：

第一，这是我们所说的“第三类复合型工具”，包括认可感受、倾听、“我……”句式、关注解决问题、达成约定并跟进执行等多个工具。因此大家可以先了解，做到心中有数，等看完本书后面章节单个工具详细拆解之后，再践行实操。

第二，要找准合适的谈话时机，最好在家长和孩子双方情绪都平和的时候，开始谈话。比如，家长可以这么说：“宝贝，最近咱们因为玩手机发生了一些不愉快，妈妈不想大吼大叫了，要不咱们一起想想，找到一些新办法？妈妈保证不发脾气也不生气，咱们双方都不互相指责。”

第三，可以用头脑风暴的方式启发孩子寻找解决方案，记住，不批评、不否定，即使孩子的方法不可行，也要写下来。

第四，解决方案越具体越好，涉及时间的话最好精确到分钟。

第五，执行进度要及时跟进。跟进执行很重要，但实施起来不容易，孩子就是孩子，有时友好协商的约定到了真正执行时还会出状况。因此，在实施“赢得合作”步骤时家长要严格执行进度。

赢得孩子合作的关键点在于，要让孩子感受到家长愿意倾听并理解自己。当孩子觉得家长理解他的想法和感受时，他就会感觉到被认可、被爱，也会感觉有安全感和归属感。一旦他们觉得被理解了，就会更愿意听取家长的想法和感受，并会去努力寻找解决问题的方法，以此来证明自己的价值。

我的大女儿芊芊小时候因为身体原因，需要吃各种各样的中药。吃药对她来说是件很痛苦的事情，那时我最经常使用的就是“赢得合作”的四个步骤。

第一步，先共情，再倾听孩子的感受。

首先，我会搂着她，对她说：“豉翘这个药真的有点苦，喝完还会让我们芊芊打喷嚏，真的是不想喝呀！”女儿说：“嗯，我不想喝药。”

接下来，我就绘声绘色描述我小时候不爱吃药的故事，告诉她：“妈妈小时候吃药比你还痛苦，那时候的药特别苦！我的爷爷和妈妈一个给我喂药，一个给我喂水，喂完的同时还要往我嘴里放一块糖，我还边吃糖边哭。”这时候芊芊已经不再恐惧自己吃药的事情了，她咯咯咯地笑了起来，还嘲笑我：“哎呀，妈妈你吃药比我难多了。”

这些都是在表达对孩子想法和感受的理解，让孩子知道我们是和她站在同一边的。

第二步，把你的想法和感受告诉孩子。

我会非常诚恳地对女儿说：“宝贝，所以妈妈特别理解你吃药的痛苦，妈妈恨不得替你把药吃了。同时妈妈也好心疼你，有点担心你，因为如果你不吃药，病就好不了。”这时候孩子的抗拒情绪慢慢消失，已经非常愿意配合了，我们就可以进行第三步。

第三步，启发孩子解决问题。

我和芊芊一起想办法怎样能把药吃下去。当时我们列了好多种吃药的方法，如表演打败病毒小怪兽，爸爸妈妈为她喊加油，还有把药装进好看的杯子里玩干杯的游戏，等等。看，办法总比困难多。

第四步，选择解决方案并跟进执行。

我们当时用得最多的喝药方法是芊芊从远处走过来，我数她走 3 步，她就把药喝掉一大口，然后我装作很惊讶的样子，她就变得很快乐。这样对芊芊来说，吃药也不是那么难以忍受的事情了。

我们家里很多事情都是采用“赢得合作”的四个步骤进行处理，比如女儿不愿意弹钢琴，不愿意自己睡觉，不想自己洗澡，等等。通过这种方法让孩子知道，父母很理解她，愿意陪着她，一点点地解决问题，一点点等她长大。

当孩子感觉到被倾听，他才会倾听家长。

当孩子感觉到被理解，他才会理解家长。

当孩子感觉到被喜欢，他才会喜欢家长。

当孩子感觉到父母和自己站在一队，他才会和父母站在一队。

让我们谨记，和孩子站在一起面对问题，而不是拿问题针对孩子。做到这一点，育儿会越来越轻松。

工具 19

学会放手——养育的最终目的是让孩子学会独立

所有的爱都指向亲密，唯独父母对子女的爱是为了走向分离。父母养育孩子的最终目标是让孩子学会独立。想清楚了这一点，你就能理解为什么放手这个工具如此重要。

正面管教认为，家长为孩子做得太多，反而会让孩子失去信心。要知道，每个孩子对价值感都有渴望和需求，当我们以爱的名义包办代替的时候，要么会让孩子认为“我不行，我没有能力”，要么认为“爱我就必须替我做事，为我服务，围着我团团转”。这两种想法对孩子都是有害的！正如有效管教的标准里提到：我们应该培养孩子有价值的社会技能和生活技能，培养孩子良好的品质，让孩子感受到自己是有能力的，并建设性地使用自己的能力和权利。因此，我们应该放手让孩子去尝试做自己的事情。

放手不是放弃，更不是娇纵。身为家长，懂得不做什么和做什么，同样重要。

放手的必要性是什么呢?

我们都期待孩子拥有健康的自尊，而健康的自尊是拥有技能。要让孩子拥有技能，必须给他们创造机会去尝试做自己的事情。当他们通过尝试并体验到成功带来的快乐之后，孩子会产生“我能行”的信念，而这样的信念鼓舞着他去做更多的尝试，良性的循环就这样形成了。

放手的前提是什么呢?

放手的一大前提是允许孩子犯错误。孩子毕竟是孩子，如果我们期待他第一次刷碗就能和我们刷的一样干净，所有的碗都各归其位，并且台面没有水渍，那我们注定是要失望的。如果我们允许他做得没那么好，并将孩子的每一次尝试当成他学习的机会，鼓励孩子拥有不完美的勇气，欣赏他对家庭的贡献，我们的心情就会变得不一样。同时，孩子能够锻炼心理承受能力和情商调节能力，并从错误或不完美中获得解决问题的能力。还有一点，孩子在你身边犯错比他独立生活再犯错好多了，不是吗？

放手需要做哪些准备呢？

一、花时间训练

有一位妈妈告诉我们，为了训练孩子铺床，她一直买带有格子的床单，这样就能指导孩子怎样对齐，怎样把床单铺得平整，这样她的孩子在进入小学前就能把床整理得很整齐了。当我们想让孩子掌握某项技能的时候，需要花一些时间训练孩子，这样孩子才会得心应手。

二、每次迈出一小步

在面对一项有难度的任务时，孩子会显得有些束手无策。比如，暑假时老师布置了一大堆作业，孩子不知从何下手。这时候，我们和他一起讨论，如何将大任务进行分解，拆成一个个小任务，让孩子能够小步前进。当孩子迈出一小步并体验成功时，他就会摆脱“我不行”的想法。

放手有哪些需要注意的呢?

一、对孩子有耐心

调查表明，同样的家务，跟孩子一起做要比家长自己做多 4 倍的时间。比如，家长 5 分钟就能拌好一份沙拉，和孩子一起做可能需要 20 分钟。这不是因为孩子太笨，或是家长向他发出太多的指令，而是由于家长需要为孩子放慢速度，做清晰的示范，以便让孩子观察、提问；孩子要尝试自己的方法，再试试家长的方法；家长要回答孩子的问题，对存在的问题解释或更正并进行详细说明；陪孩子一起开怀大笑，谈论其他的话题，最后赞叹家长和孩子共同努力的劳动成果。

二、信任孩子

孩子有着强大的学习能力和模仿能力，他们往往比大人更有想象力和创造力。当我们选择信任孩子，这样的态度就是在为孩子赋能。

三、信任自己

过自己的生活，别把所有的精力放在孩子身上，不以孩子的表现定义自己的人生价值，我们会更容易放手。

接下来就来学习一下正面管教的放手“五部曲”。

第一步，想一想在你的内心深处，有一件什么事你很难放手？比如，你对孩子的安全特别难放手，非常恐惧孩子走失或被拐走，甚至常常做噩梦。因此，不敢一个人带孩子出门，如果家里老人带孩子出门，必须两位老人一起带才行。

第二步，想一想在这件事情上，你的恐惧是什么，而孩子想要的是什么？

你的恐惧是孩子的安全，而孩子想要的是自由和独立。总有一天，孩子会离开你的视线，要独立生活。如果总是试图把孩子控制在你的视线范围之内，你的恐惧将变成他的牢笼，让他无法自由地成长，无法真正独立。

第三步，请你扪心自问：“我真的愿意放手吗？”

如果对这个问题还有一些犹豫，没关系，可以停在这一步，不再继续往下走。如果你心里的声音是：我想试试，我愿意放手一小步。那我们来看下一步。

第四步，为了放手，你可以向前迈的最小的一步是什么？要具体明确。

第五步，你打算什么时候开始尝试这放手的一小步？即便这会让你有些不舒服。你愿意试多久？

心理学家武志红在分析一些特殊案例时提醒大家，对孩子最好的爱，就是帮助孩子走向分离。父母要帮助孩子完成和父母、家庭的分离。熊猫妈妈对熊猫宝宝特别亲密，但在小熊猫学会爬树后，熊猫妈妈转身就走了，连告别都没有。很多家长看到大熊猫的这种分离，眼泪一下子就流出来了——家长对孩子投注了太多的感情，这让我们很难放手。

在我们的儿童发展心理学家长课上，有类似的体验活动。扮演家长的学员站在扮演孩子的学员身后，推着"孩子"支撑他前行，大家感觉累并快乐着，但当我要求"家长"慢慢放手，并且对"孩子"说："宝贝，你长大了，要走自己的路了，你要独立了，你以后要靠你自己。你走吧，我会一直在你身后看着你。你需要的时候可以回来，家里永远是你的依靠。"很多"家长"在说这句话的时候，泣不成声。

很多“孩子”听到这句话，也泣不成声——“家长”还没有准备好放手，“孩子”也没有准备好独立。如果我们以这样的心态去养育孩子，孩子就没有办法真正成为他自己。

作为家长，你真正独立了吗？你感觉你可以真正放手吗？武志红说，如果你想真正爱你的孩子，更成熟地去爱你的孩子，特别重要的是，你自己能否独立地存活，你是否能帮助孩子完成和父母的分离。放手“五部曲”，是我们一步步帮助孩子完成和父母分离的绝佳工具。

案例分享

学了放手“五部曲”之后，我意识到了我的不安全感和恐惧对芊芊的伤害非常大，于是就开始慢慢练习放手。我尝试放手做的第一件事情是让芊芊领着我过马路。当时芊芊的幼儿园在一所大学附近，大学两个校区中间有一条双向两车道的市政路，车很少。我迈出的最小一步是让孩子牵着我的手，由她主导过马路。刚开始的时候，车还在距离我们很远的地方，女儿就已经牵着我的手站在原地不动了。我们过马路大概需要20秒，等车要1分钟，这虽然不合理，但我依然尊重女儿的决定。不久之后，芊芊过马路不再牵我的手，只需我跟在后面。再后来，我从幼儿园接到她，她可以自己往前走，我不需要步步紧跟了。在其他家长大呼小叫地制止孩子飞奔穿过马路时，我非常踏实地看着女儿站在路边，左右观察环境是否安全，然后快速又安全地穿过马路。

迈开了第一步，芊芊慢慢地开始独自去校区超市买东西，去对面校区姥姥家。在她7岁的时候，我给她做好空中托管，让她独自去广州参加独立营。她越来越独立，我越来越放松。

鲁道夫·德雷克斯曾说：“永远不要替孩子做他们已经会做的事。”放手是让孩子获得必要人生技能的重要环节。我们就从小事开始，从今天开始迈出放手的一小步吧！

工具20

影响孩子，
而不是改变孩子

几年前我曾去北京给一所幼儿园的老师做培训。当时是9月份，刚开学不久，很多刚入园的孩子不适应，大哭大闹找家人。午休时，我正在一间空教室休息，一位女教师抱着一个三四岁的小女孩走了进来。小女孩哭得很厉害，老师刚把她放在地上，她便在地上滚来滚去地大声叫喊："我要妈妈，我要妈妈。"还试图往教室外面跑。

我在一旁静静地观察那位女教师，她一直很平静、温和。小女孩躺在地上哭的时候，老师坐在旁边，对小女孩说："Elsa，你很伤心，特别想哭，你在这里哭吧。等你哭完了，咱们再回教室。"然后就不再说话，一直安静地陪在孩子旁边。大约三四十分钟后，小女孩终于停止了哭闹，跟老师说："老师，我想喝水。"老师牵起她的手，走出了教室。

这个画面一直留在我的脑海中：小女孩一直大喊"我要妈妈"，但令我印象最深，也最吸引我的是，那位女教师陪在小女孩身边的状态，丝毫没有被孩子激怒，也没有想去改变孩子，始终平静而温和。

有时候，无论我们做什么都暂时无法改变孩子，那我们不如不去改变孩子，而是"决定自己怎么做"。

女教师没有过度同情孩子，也没有马上去纠正孩子的行为，而是充分理解孩子，决定等待——这正是我要分享的正面管教工具"决定你怎么做"，也就是说，无论孩子怎么做、做了什么，你都可以决定自己怎么做而不是引发权力之争。

学到这里，有些家长会觉得正面管教确实有用，一定要好好地去践行。也有一些家长会觉得正面管教没有用，或者很认可正面管教，可是自己做不到，更无从谈起改变孩子。那面对这些家长，到底是正面管教不好，还是家长做得不好呢？我想告诉大家，都不是。正面管教很好，家长们做得也很好，只是很多家长没有找对努力的方向，可能很多家长还在努力地改变孩子，而没有把力量收回来，决定自己做什么、怎么做。

作为家长，要不卑不亢、不迎不将，拒绝跟孩子陷入权力之争中，既不迎战也不投降，既不惩罚也不娇纵，只去做自己应该做的。

一、提前通知孩子，你计划做什么

比如，提前告诉孩子："餐具摆好我才开饭。""我在 9 点前帮你辅导作业，但不是在睡觉前最后一分钟。""讲完这个故事，我就关灯睡觉。"

二、和善而坚定地执行计划

在"决定怎么做"这件事情上，最难的就是和善而坚定地执行计划。有时候家长很容易走向两个极端，要么什么都听孩子的，一味地妥协；要么强硬地坚持，必须马上做。孩子在和大人的互动中，会用各种各样的方式试探家长的底线，这时家长记得要做一棵高大而粗壮的大树。

我们的周静导师跟大儿子约定，她只洗放在洗衣筐里的衣服。如果孩子没有放在洗衣筐里，那他就要穿着脏衣服出门。

我们的高倩导师为了保证她的两个孩子准时上床睡觉，跟孩子们约定，按时上床，她会给孩子们读绘本，如果没有按时上床，就取消绘本时间，她会立即关灯睡觉。如果她开车的时候两个孩子在后座上打闹，那她可以决定把车停靠在路边，静静地等待两个孩子停止打闹。

作为家长，有时候我们就是无法决定孩子是否乱扔玩具，是否遵守约定，是否按时吃饭，能否把衣服扔进脏衣篮，何时停止打闹，但我们可以决定如何处理乱扔的玩具，何时结束吃饭，是否洗没有扔进脏衣篮的衣服，何时重新发动汽车。这比唠叨、催促、提醒、埋怨更加尊重双方，是更有尊严的处理问题的态度和方式。

案例分享

我家哥哥 8 岁，弟弟 6 岁。我知道户外活动对他们的生长发育有好处，所以基本每周末都会开车带他们去郊区玩。这本来是件很开心的事情，可是在车上的时光简直是我的噩梦，因为他俩总会因为这样那样的事情发生争执，有时还会打起来。每当这个时候，我都会恶狠狠地说："你俩再这样，我们就掉头回家吧！我再也不想带你们出来玩了！"通常情况下，他们会安静一会儿，但过一会儿又会因为其他事情再次发生争执。可能他们也知道，我不会真的掉头回家，而且无论怎样下个周末我还是会带他们出来玩。

怎么办呢？再这样下去我真的要疯了！突然有一天，我想到了"决定你自己怎么做"这个工具。于是，在某次出发前我跟他们哥儿俩说："以前每次出去玩，你们都会在后座上吵架、打架，妈妈很生气，这样会影响大家的心情，也很不安全。我想了一个办法，就是在你们吵起来或打起来的时候，我就靠边停车，听会儿音乐，你们和好之后，告诉我'妈妈，我们和好了，可以走了'，我们再重新出发。你们觉得这个办法怎么样？"

两个孩子都觉得这个办法不错，于是我们很愉快地出发了。在路上他们果然又吵起来了，我就按照约定，靠边停车，听音乐。两个孩子很快和好了，我们又重新出发了。

“决定你自己怎么做”这个工具解决了我的一个大难题。我发现无论在车上还是在家里，哥哥弟弟发生矛盾的时候，我都可以决定自己怎么做、做什么，这让我轻松了很多。

简·尼尔森博士说：“没有任何一种养育工具在所有时候都管用。”当很多工具都不管用的时候，用这个工具来管自己，那就是“决定你自己怎么做”。

不论孩子怎么做、做什么，我们都没有办法控制他的行为。我们只能控制好自己，决定自己怎么做。在使用这个工具的过程中，孩子也许会反复，比如会发脾气，但没有关系，慢慢会有所改善。重要的是，在这样的经历中，孩子学会了尊重界限，学到了和家长、他人的相处方式。